KB141450

바둑 입문

1. 기본 규칙

바둑 입문 1. 기본 규칙

초판 1쇄 발행 2023년 7월 5일

지은이   이하림
발행인   조상현
마케팅   조정빈
발행처   더디퍼런스

등록번호   제2018-000177호
주소   경기도 고양시 덕양구 큰골길 33–170
문의   02-712-7927
팩스   02-6974-1237
이메일   thedibooks@naver.com
홈페이지   www.thedifference.co.kr

독자여러분의 소중한 원고를 기다리고 있습니다. 많은 투고 부탁드립니다.

ISBN 979-11-6125-405-0 13690

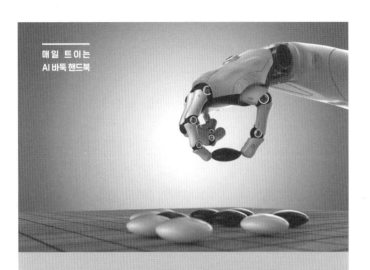

매 일 트 이 는
AI 바둑 핸드북

바둑 입문

─── 1. 기본 규칙 ───

이하림 지음

더 디퍼런스

들어가는 말

바둑판에는 361개의 교차점이 있습니다. 점과 점이 만나면 선이 되고 선과 선이 만나면 공간이 이루어집니다. 공간이 넓혀지면 판이 형성되지요. 바둑은 판에 돌을 놓으며 나의 생각을 자유롭게 표현하는 것이죠. 돌과 돌이 충돌하는 판의 공간에 숨어있는 원리를 알면 그에 따라 생각의 틀도 잡힙니다. 그렇다면 원리를 어떻게 배워야 할까요?

많은 입문서들이 부분 기술을 나열하고 그에 따른 문제들로 치우쳐 있어 생각의 틀이 한정되어 있습니다. 그러면 생각이 부분에 고정되고 확장되지 못해 바둑을 두는 초급 단계로 향하는 데 시간이 많이 걸립니다. 초보로 머무는 시간이 오래될수록 바둑이 어렵게 느껴질 수밖에 없지요. 이 책은 부분과 부분을 서로 연계해 입체적인 관계에서 이해의 폭을 넓히도록 구상했습니다. 다시 말해 부분을 관통하는 하나의 원리를 알면 다른 부분에도 적용할 수 있도록 노력했습니다. 그러면 생각하는 틀이 확장되어 저절로 판을 바라보는 힘도 강해진다고 보았지요.

원리를 알고 적용한다는 점에서 이 책은 내용의 전개방식이 독창적이고 체계적입니다. 바둑의 여러 분야를 실전적으로 통합하고 연계해서 일정한 수준까지 거침없이 보여줍니다. 완전 습득하는 데 힘은 들겠지만, 항상 상황에 맞는 원리가 길을 안내하는 나침반이 되는 만큼 집중해서 따라가다 보면 점차 이해도가 높아질 것입니다. 설사 어려운 부분이 나오면 초보자의 눈높이에서 어렴풋이 이해하고 넘어가도 좋습니다. 결국 생각의 힘이 강해지면 자연스럽게 체득할 테니까요.

독창적인 의도에 맞게 책의 구성도 독자적인 특징을 두고, 핸드북 네 권으로 입문 과정을 마치도록 했습니다. 1권은 기본 규칙, 2권은 사활과 수상전, 3권은 기술과 행마, 4권은 운영과 끝내기에 초점을 두었는데, 권에 따라 연계된 학습을 하면서 자연스럽게 수준도 올라갑니다. 무엇보다 전체적인 안목과 부분적인 힘을 기르는 데 심혈을 기울였습니다. 입문 과정을 모두 끝내고 나면 초급에 성큼 다가설 뿐 아니라 서슴없이 바둑을 둘 수 있지요.

독자에게 흥미와 짜임새를 더해주기 위한 배려에도 노력했습니다. 알기 쉬운 설명을 위해 그에 적합한 그림을 선별했고, 바둑용어는 본문에 녹여서 설명해 현장감을 살렸습니다. 각 파트가 끝날 때마다 핵심을 글로 정리해서 되돌아보게 하고, 내용을 이끌어갔던 주요 용어를 그림으로 정리해서 생동감을 살렸습니다. 마지막으로 복습 차원에서 생각하며 풀어보는 문제를 실었습니다.

이 입문 시리즈는 바둑을 강하게 배워 남들처럼 두고 싶은 입문자와 더불어, 기력이 올라가지 못하고 방황하는 초급자에게도 권하고 싶습니다. 기력이 그 자리에 머무르는 이유는 생각의 틀이 잡히지 못했기 때문 아닐까요. 바둑만 많이 둔다고 해결되는 문제가 아닙니다. 그런 분들에게도 이 책이 생각의 틀을 잡고 힘을 키우는 계기가 되길 바라는 마음입니다.

1부 바둑이란 무엇인가

2부 바둑을 두기 위한 기본 규칙

1부

바둑이란
무엇인가

동양문화의 유산인 바둑은 오천년의 역사를 가지고 있다고 가정합니다. 유구한 역사만큼 누가 어떻게 만들었는지는 정확하게 알지 못합니다. 그러다보니 몇 가지의 추측성 가설이 나왔습니다.

우선은 요순 창시설이 그동안 가설로 많이 인용되었습니다. 중국의 요 임금과 순 임금이 어리석은 아들인 단주와 상균을 가르치기 위해서 바둑을 창안했다고 합니다. 인성교육이라고 해도 좋겠지요.

다음에는 천체관측설이 그럴듯한 가설로 인용되었습니다. 농경사회였던 고대에는 별들의 움직임이 중요했습니다. 그래서 별을 관측하여 별자리를 표시하고 연구하는 도구로 바둑이 발명되었다고 합니다. 바둑판의 구조를 보면 설득력이 있습니다. 판에는 굵은 점이 있는데 별자리를 표시했다고 봅니다. 특히 가운데 점은 천원(天元)이라고 부르는 것만 봐도 하늘과 소통하려는 뜻을 짐작할 수 있습니다. 이에 따르면 판의 모서리인 네 귀는 사계절을 뜻하고, 후일 흑돌과 백돌은 음양의 이치로 확대 해석했던 것으로 보입니다.

한편, 바둑의 전래와 관련해서 문화의 전파경로처럼 중국에서 한국, 일본으로 이동한 것이 상식처럼 보이지만, 구체적인 시각으로 인도에서 시작되어 티베트로 들어가 신장(神將)바둑으로 바뀌었고, 이것이 불교와 함께 백제에 들어와 순장(巡將)바둑이 되었다는 설이 있습니다. 이들 각지에 남겨진 유물흔적을 퍼즐로 맞춰본 이론인데, 한국 고유의 순장바둑을 유추해보는 단서가 됩니다.

순장바둑은 16개의 화점(花點)에 흑과 백을 8개씩 배치하고, 흑이 천원에 첫수를 놓은 다음 백이 자유롭게 두기 시작하는 바둑입니다. 그래서 화점바둑이라 부르기도 했죠. 화점은 판의 굵은 점을 말하는데, 과거 우리는 꽃무늬를 그려 넣었기에 붙은 이름입니다. 이와 달리 중국과 일본은 별의 뜻으로 성점(星點) 혹은 성이라고 부릅니다. 중국은 과거 화점이 5개였다고 합니다. 17줄 바둑판을 사용한 티베트는 13개의 화점이 있었죠. 이에 따르면 중국은 서로 2개씩, 티베트는 6개씩 화점에 배치하고 흑이 천원에 첫수를 놓은 다음 백부터 두었다 추정됩니다.

한국에서 바둑을 수용한 일본은 일찍부터 정부가 적극적으로 나서서 육성했습니다. 특히 막부에서 명인 제도를 설립하고, 네 집안을 뽑아 특권을 주며 지원했습니다. 그 결과 정석과 포석이 장착된 자유기법의 새로운 바둑으로 발전했으며, 오늘날에는 한국과 중국도 이렇게 둡니다.

국제경쟁 시대에 한국과 중국이 선두자리를 놓고 치열한 승부를 하면서 이들 두 나라는 바둑을 스포츠로 인정하고 지원합니다. 중국에서는 2010년 광저우 아시안게임에 바둑이 정식종목으로 채택되었는데, 한국이 금메달 3개를 모두 차지했습니다. 한국은 전국체전과 소년체전에 바둑이 정식종목으로 채택되어 매년 경기를 치릅니다.

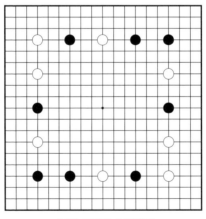

한국 고유의 순장바둑

바둑의 매력

바둑의 규칙은 간단하지만 지금껏 같은 내용의 대국은 한판도 나오지 않았다고 할 정도로 경우의 수가 무궁무진합니다. 어떤 판이든 지나온 길을 되돌아보는 복기(復棋)를 통해 교훈을 얻고 다시 도전하며 나의 의지대로 생각을 마음껏 표출할 수 있는 아주 공정한 게임입니다.

바둑은 서로 손으로 돌을 놓으며 대화를 나눈다고 해서 수담(手談)이라고도 합니다. 어찌 보면 바둑은 예술에 맞닿아 있습니다. 서로 조화롭게 수를 교환하는 과정이 오묘하고 아름답습니다. 좋은 수를 두려면 상대방의 수에 공감하고 상대 편에서 생각하는 습관이 필요하니 소통을 중시하는 사회생활에 큰 도움이 됩니다.

바둑은 다른 스포츠와 비교해서 운이 별로 작용하지 않습니다. 오로지 실력 차를 극복하기 위해 노력을 해야 합니다. 노력해야 향상되는 바둑은 결국 공평성이 보장되며 편법이 통하지 않으니 자기자신과의 싸움을 통해 궁극적인 성취감을 맛볼 수 있습니다.

바둑은 순수하게 어울리면서 즐길 수 있습니다. 바둑은 인터넷상에서 어느 나라 사람이든 대국이 가능하므로 처음 만난 사람도 곧 친구가 됩니다. 세계가 경쟁하는 시대에 바둑은 인간의 마음을 하나로 연결하니 세계평화에도 기여합니다.

바둑은 근본적으로 파괴가 아니라 서로를 인정하고 소통하며 협상하고 타협하는 게임입니다. 영토의 경계를 다투면서 어디까지 양보하고 받아낼지, 상대를 무조건 잡기보다 살려주면서 어떤 이익을 얻어낼지를 놓고 전략을 겨룹니다. 바둑은 궁극적으로 상생의 게임입니다.

바둑의 가치

교육의 가장 중요한 역할은 인간형성입니다. 인공지능이 지배하는 시대로 흘러갈수록 특히 인성과 사고가 절실합니다. 인성을 키우고 지능 및 정서를 함양하는 데 바둑만큼 좋은 두뇌 스포츠도 없습니다.

바둑은 미래 4차 산업 세대에 필요한 교육과정이 담겨있습니다. 4차 산업 시대에 적응하려면 스스로 생각할 수 있는 힘을 가져야 하는데, 바둑은 저절로 생각의 힘을 키워주죠.

돌을 어디에 놓을지 고민하는 과정에서 사고력이 형성되고, 상대가 두는 수를 해석하면서 논리력을 키울 수 있습니다. 전체 판세를 읽는 과정을 통해 집중력과 창의력이 향상됩니다.

또한 인간이므로 실수도 합니다. 나의 실수로 역전이 되거나 상대의 실수로 기회가 생깁니다. 이기고 지는 과정을 반복하면서 마음을 가다듬을 수 있고 포기하지 않고 기다리는 인내력을 기를 수 있습니다. 대국이 끝나고 복기하면서 인생의 교훈을 얻고 세상의 이치를 배우기도 합니다.

이처럼 바둑은 사회생활에서 필요로 하는 여러 교육적 요소들을 가지고 있습니다. 나아가 바둑을 배우면 자연스럽게 상식에 의한 삶의 지혜를 얻을 수 있습니다. 인공지능이 학습을 통해 인간의 바둑을 이길 수는 있어도 바둑에 담긴 깨달음을 얻을 수는 없지요.

고령화 시대에 바둑은 최소 비용으로 알찬 여가를 즐길 수 있는 건전하고 바람직한 취미문화입니다. 국가적 재앙으로 다가온 치매의 예방에도 도움이 된다고 합니다.

바둑을 두려면 '바둑판'과 '바둑돌'이 필요합니다. 바둑판 각부의 명칭을 알아야 상대와 소통할 수 있습니다. 바둑은 예술에 근접한 만큼 예절도 중시합니다.

① 바둑판

바둑판은 보통 나무로 만드며, 정식 규격은 가로 42㎝×세로 45㎝로 직사각형입니다. 그리고 가로 19줄, 세로 19줄로 모두 361개의 교차점을 갖습니다. 교차점 중에는 9개의 굵은 점이 있는데, 이를 '화점'이라 합니다. 바둑을 처음 배우는 사람이 쉽게 두기 위해 고안된 9줄, 13줄 등의 작은 바둑판이 있기는 하지만, 이는 주로 교육용으로 쓰이죠.

직사각형의 바둑판에서 긴 쪽을 옆으로 해서 마주보고 앉아 두 사람이 대국을 하는데, 그런 자세와 거리가 안정감이 있어 수담을 나누기에 좋다고 합니다. 인터넷 바둑에서 사용하는 화면용 바둑판은 사용자에 따라 크기가 달라지겠지요. 최근에는 고가이지만 인공지능이 탑재된 첨단 바둑판도 개발되어 시판 중에 있습니다.

② 바둑통과 바둑돌

바둑을 두려면 바둑판과 더불어 바둑돌이 필요합니다. 바둑돌은 바둑통에 담는데, 바둑통은 재질에 따라 다양하며 나무로 만든 원형 통이 전통적입니다. 바둑통의 뚜껑은 돌의 보관과 더불어 대국 중에는 다른 용도로 쓰입니다. 돌을 잡아 바둑판에서 들어내는 행위를 '따낸다'고 하는데, 이렇게 따낸 돌을 바둑통의 뚜껑에 담죠.

바둑돌은 둥글납작한 모양인데 재질은 돌, 사기, 조개껍질, 플라스틱, 인조석 등 다양합니다. 대중용으로는 주로 경질 유리가 사용됩니다.

대국자를 구분하기 위해 바둑돌은 검은 돌과 흰 돌이 있습니다. 검은 돌은 흑돌, 흰 돌은 백돌이라 합니다. 보통 간단하게 흑과 백이라고 부르죠.

바둑판의 교차점이 361개인만큼 바둑돌도 원칙적으로 361개가 필요합니다. 흑이 먼저 두는 것을 감안해 흑돌 181개, 백돌 180개로 구성됩니다. 그러나 실제 게임에서는 모든 교차점을 채우지 않으므로 이보다 적은 돌로도 대국하는 데 지장이 없습니다.

바둑은 두 사람의 대국자 중 실력이 약한 사람이 흑, 실력이 강한 사람이 백을 쥐고 흑이 먼저 두는 것이 원칙입니다.

인공지능 바둑판

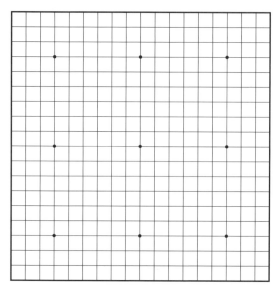

가로 19줄×세로 19줄=361개 교차점

바둑통과 바둑돌(대국이 진행되면서 서로 따낸 돌을 바둑통의 뚜껑에 담는다.)

바둑판의 공간은 편의상 구역에 따라 고유의 명칭을 사용합니다. 우선 모서리 쪽을 '귀'라고 하는데, 네 군데의 귀가 있습니다. 우측 상단이면 우상귀, 우측 하단이면 우하귀, 좌측 상단이면 좌상귀, 좌측 하단이면 좌하귀라 부릅니다.

다음에 가장자리 쪽을 '변'이라 하는데, 역시 네 군데의 변이 있습니다. 위쪽이면 상변, 아래쪽이면 하변, 오른쪽이면 우변, 왼쪽이면 좌변이라 부릅니다. 마지막으로 가운데 부분을 '중앙'이라 부릅니다.

이런 구역의 정의는 어디부터 어디까지 구체적으로 특정할 수 없고, 보통 상황에 따라 유동적으로 사용합니다.

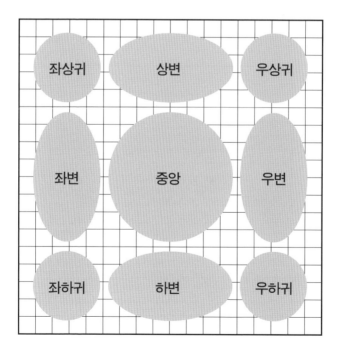

바둑판의 공간 중에서 9개의 굵은 점은 화점이라고 했습니다. 귀의 화점과 변의 화점이 각각 4개씩이고, 특히 중앙의 한가운데 있는 화점은 '천원'이라고 부릅니다.

바둑판의 선들은 그 위치에 따라 편의상 부르는 명칭이 있습니다. 어느 쪽이든 가장자리 끝부분부터 1선, 2선, 3선, 4선 … 이라고 하는데, 10선이 최대이고 그 이상은 반대편 끝부분에서 따집니다.

그러면 9선, 8선 … 이 되겠지요. 1선에서 4선까지는 격언과 같은 호칭이 있습니다. 1선은 '사망선', 2선은 '패망선', 3선은 '실리선', 4선은 '세력선'이라 합니다. 호칭에서도 알 수 있듯이 1선과 2선은 가급적 조심하고, 3선과 4선을 상황에 맞춰 많이 이용하라는 뜻이 담겨 있지요.

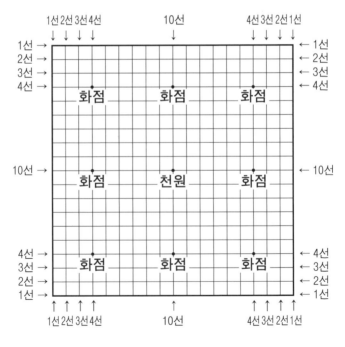

⑤ 바둑은 돌로 소통하는 수담

바둑판에 돌을 놓는 행위를 '둔다'고 합니다. 바둑은 기본적으로 두 사람이 둡니다. 바둑은 손으로 돌을 놓으며 소통합니다. 그래서 '수담'이라고도 하죠. 재미를 위해 다양한 형식의 대국 방법도 있습니다.

페어바둑은 남녀가 한쌍이 되어 대국합니다. 두 사람 이상이 한편이 되는 연기(連棋) 대국도 있습니다. 요즘 다양한 방식의 단체대항전도 유행합니다. 바둑TV에서 방영중인 고교동문전과 대학동문전은 대국을 초반, 중반, 종반으로 나눠서 두며 연기 대국도 포함한 다채로운 단체대항전이지요. 또 상담 대국은 한팀이 서로 상의하는 특별한 방식입니다.

아래 그림은 수담에 의해 바둑판에 흑과 백의 돌이 놓인 모습입니다. 이처럼 실제 둔 바둑 내용을 기록한 것을 '기보(棋譜)'라 합니다. 그림은 수순을 표시하지 않은 기보의 예이죠.

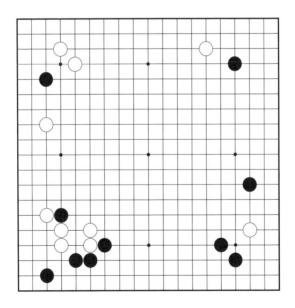

바둑은 흑을 쥔 사람과 백을 쥔 사람이 한 수씩 교대로 두는 게임이며, 흑부터 시작하는 것이 원칙입니다. 따라서 흑이든 백이든 한 사람이 두 수를 연달아 둔다면 반칙입니다.

아래 그림은 흑1부터 백20까지 교대로 두고 있는 모습입니다. 여기까지는 앞에서 선보인 실전에 수순을 표시한 기보입니다. 참고로 실제로 둔 바둑을 '실전'이라 하고, 바둑판에 놓은 수의 순서를 '수순'이라 합니다. 당장은 이해를 못하더라도 바둑판에 놓인 돌의 숫자를 눈으로 따라가며 음미해보는 것도 바둑과 미리 친숙해지는 방법이겠지요.

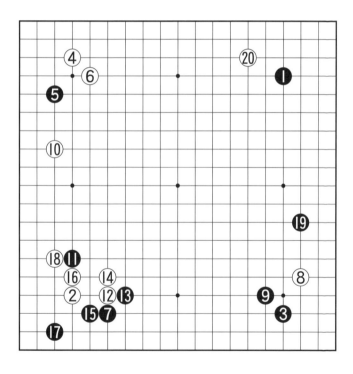

흑과 백이 바둑돌을 놓는 곳은 선과 선의 교차점입니다. 이와 관련해 돌을 놓는 행위를 '착점' 또는 '착수'라고도 합니다.

아래 그림의 흑은 모두 착점이 잘못된 예입니다. 우상귀와 상변의 흑은 돌이 네모칸 안에 들어가 있습니다. 우변과 우하귀의 흑은 교차점이 아니라 선 위에 걸쳐있습니다. 백은 모두 올바르게 착점된 모습입니다. 모든 돌이 교차점 위에 정확히 놓인 모습이지요.

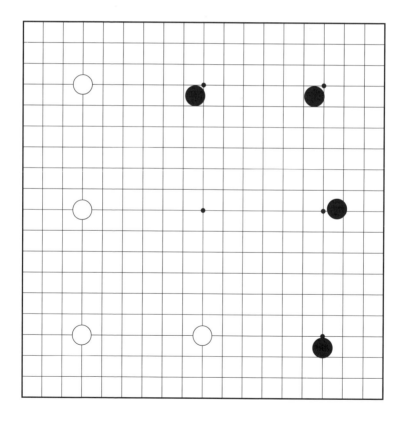

⑧ 돌을 올바르게 쥐기

요즘은 인터넷바둑이 유행합니다. 인터넷공간에서는 마우스로 클릭만 하면 원하는 위치에 자동적으로 착점이 됩니다. 그러나 인간인 이상 현실공간에서 두는 맛을 인터넷은 따라가지 못하겠지요.

현실에서 바둑을 두는 경우에는 마우스클릭 대신 바둑돌을 쥐고 바둑판에 착점해야 합니다. 그런데 참으로 많은 사람들이 다양한 방법으로 돌을 쥡니다. 바둑은 스포츠로 편입되어 있지만 엄연히 예술에 가깝습니다. 바둑을 예술로 대하는 자세는 돌을 쥐는 데에도 나타납니다. 돌을 쥐는 데는 절대적 규칙이 따로 있지 않지만, 시대와 국적에 관계없이 통용되는 아름다운 자세가 있지요.

자세히 묘사하면 검지가 아래, 중지가 위로해서 그 사이에 돌을 끼워야 자연스럽고 안정감이 생깁니다. 이런 자세로 바둑판에 부드럽게 착점할 때 정확히 교차점에 돌이 놓입니다. 처음에는 생소할 수 있지만 습관이 되면 자연스럽고 편해집니다.

그림 1은 돌을 올바르게 쥐고 있는 모습이고, 그림 2는 엄지와 검지로 돌을 쥐고 있는 모습으로 잘못된 방법입니다.

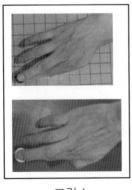

그림 1

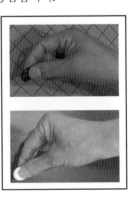

그림 2

⑨ 바둑의 기본예절

기본적으로 바둑은 두 사람이 두므로 항상 상대를 의식하면서 예의를 갖추어야 합니다. 그래야 서로 기분좋게 즐기면서 바둑을 둘 수 있지요.

우선 대국이 시작되기 전에 바둑판을 마주하고 앉은 상태에서 서로 머리 숙여 목례를 합니다. 이때 "잘 두겠습니다" 혹은 "잘 배우겠습니다" 인사를 나누면 화기애애합니다.

대국 중에는 다른 사람과 잡담을 한다거나 두고 있는 착수에 대해 의논하지 말아야 합니다. 오로지 지금 두는 바둑에만 집중해야 합니다.

대국 중에는 바둑돌 소리도 삼가 해야 하지만 바른 자세를 유지하는 것도 매너입니다. 다리를 떤다거나 머리를 바둑판에 너무 깊이 숙이는 등 불편한 행동을 보여서는 예의에 어긋나죠.

바둑판에 한번 놓인 돌은 다른 곳으로 움직이면 안 됩니다. 비록 상대방에게 양해를 얻더라도 엄정한 게임이라면 반칙입니다. 이를 '일수불퇴(一手不退)의 원칙'이라고도 하지요. 처음부터 신중히 생각하고 두는 것이 올바릅니다. 바둑은 생각하는 스포츠이니까요.

바둑은 생각하는 게임이지만 지나친 장고(長考)를 예방하기 위해 제한시간을 두었습니다. 요즘은 '생각시간'이라는 용어도 사용합니다.

시간을 정하지 않은 친선대국이라도 상식을 벗어나는 일방적인 장고는 상대에게 피해를 줍니다.

대국이 끝나면 바둑돌을 정리한 다음 일어서기 전에 다시 목례를 나눕니다. 이때 "잘 두었습니다" 혹은 "잘 배웠습니다" 마무리 인사를 하면 보기에 좋습니다.

한편 인터넷 바둑에서도 상대방을 직접 마주 대하고 있다고 생각하면 좋은 언어를 사용하면서 예절을 지키는 것이 어렵지 않겠지요.

한 가지 더 첨가하면 보통 바둑은 귀부터 출발하는데, 이때 이왕이면 우상귀부터 두는 것이 상대방에 대한 예의로 알려져 있습니다. 반대로 상대가 흑인 경우 나의 좌하귀에 첫수를 두는 것이죠.

아래 그림은 흑이 우상귀에 첫수를 둔 모습입니다. 구체적으로 첫수를 우상귀 화점에 두었습니다.

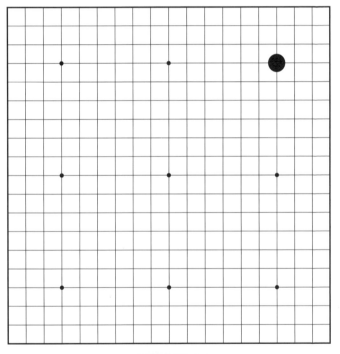

⑩ 호선바둑과 접바둑

서로 실력이 비슷한 사람의 대국을 호선(互先)바둑 혹은 맞바둑이라고
합니다. 이때 흑과 백을 정하기 위해 돌가리기를 하죠.

'돌가리기'란 한사람이 백돌을 한웅큼 쥐어 바둑판에 올려놓으면 흑
이 1개(홀수) 혹은 2개(짝수)를 올려놓고 서로 짝홀을 맞추는 것입니
다. 서로 짝홀이 맞으면 지금 상태로 흑과 백이 결정되고, 엇갈리면 서
로 흑과 백을 바꾸죠.

이렇게 흑과 백이 결정되면 흑은 먼저 두는 이점이 있으므로 '덤'이라
고 해서 일정한 집을 백한테 미리 제공합니다. 현대바둑은 공식적으로
덤이 한국과 일본은 6.5집, 중국은 7.5집입니다. 여기서 0.5집(반집)은
무승부를 방지하기 위한 처방입니다.

서로 실력이 약간 차이가 나면 덤 없이 둘 수 있습니다. 이런 대국을
정선바둑이라 합니다. 물론 실력이 약한 사람이 흑, 강한 사람이 백을
쥐고 두겠지요.

실력 차이가 많으면 약한 사람이 화점에 미리 돌을 놓은 다음 백부터
두는데, 이를 접바둑이라 합니다. 실력 차이가 클수록 미리 놓는 돌수가
늘어나는데 보통 2점에서 9점까지 많이 둡니다. 그이상 넘어가면 바둑
의 수가 제한되어 흥미가 떨어지기 때문이죠.

뒤의 그림들은 2점~9점 접바둑의 배치를 보여줍니다. 접바둑이 있
으므로 실력 차이가 나더라도 서로 재밌게 바둑을 즐길 수 있다는 것이
바둑의 매력이기도 합니다.

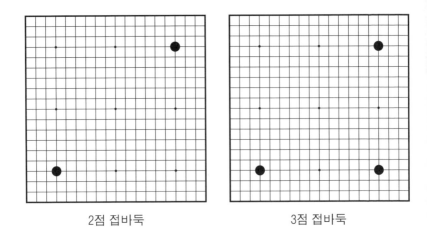

2점 접바둑   3점 접바둑

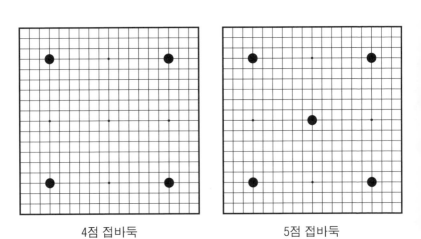

4점 접바둑   5점 접바둑

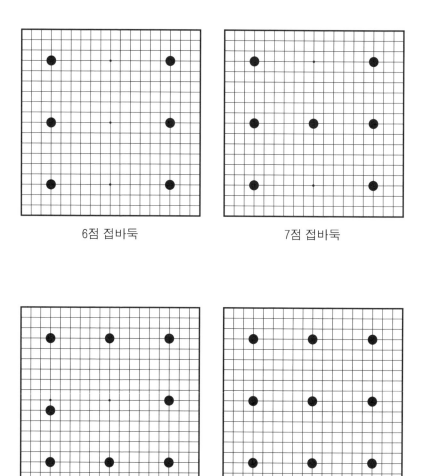

6점 접바둑

7점 접바둑

8점 접바둑

9점 접바둑

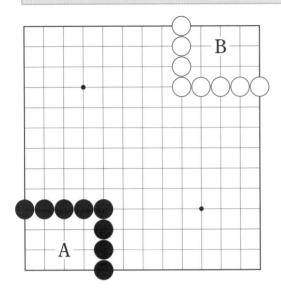

1도(집의 개념)

바둑은 '집'이 많은 자가 이기는 게임입니다. 편의상 13줄 바둑판으로 예를 들겠습니다.

일정한 공간을 둘러싸면 집이 생깁니다. 이에 따르면 좌하귀 A는 흑집이고, 우상귀 B는 백집입니다.

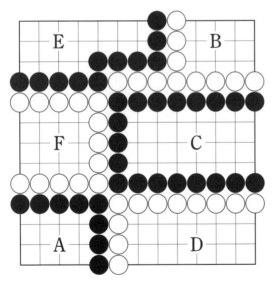

2도(공간이 크면 이긴다)

이 그림은 바둑판 전체 공간이 흑과 백으로 구분되어 있습니다.

주택으로 보면 A와 B, C와 D는 서로 같은 평수죠. E와 F는 얼핏 봐도 흑의 공간이 넓습니다. 곧 배우겠지만 자세히 비교하면 흑의 공간이 6집 많습니다.

집은 바둑판의 교차점입니다. 판의 교차점은 $19 \times 19 = 361$, 모두 361 곳입니다. 그러나 이들 공간은 모두 집이 될 수 없습니다.

주택을 지을 때 기둥도 세우고 원하는 곳에 인테리어도 해야 하듯 바둑도 싸움을 하면서 메워지는 공간이 있게 마련이지요. 자연히 남는 공간을 최대한 나의 집으로 만들어야 합니다.

여기서는 바둑판의 구역에 따라 집이 어떻게 형성되는지, 그리고 '공배'에 대해서도 가볍게 알아봅니다.

① 집의 크기는 교차점의 개수

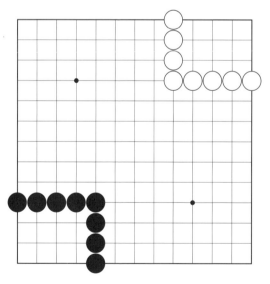

1도(집의 크기는?)

흑이든 백이든 일정한 공간을 둘러싸면 집이 생긴다고 했습니다.

지금 좌하귀에 흑이 울타리를 쳤고, 백은 우상귀에 울타리를 쳤습니다.

그렇다면 좌하귀 흑집과 우상귀 백집의 크기는 얼마일까요?

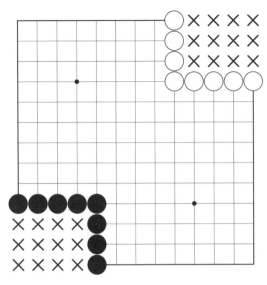

2도(집은 교차점의 개수)

집의 크기는 교차점의 개수라고 생각하면 됩니다.

보다시피 서로 교차점(×표)이 12개(가로 4×세로 3)이므로 흑 12집, 백 12집이 도출됩니다.

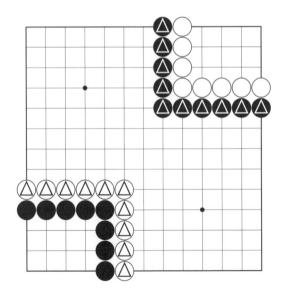

3도(서로 12집)

흑▲들과 백△들로 흑집과 백집의 울타리를 서로 상대방이 둘러싸도 흑과 백의 집은 변함이 없습니다.

흑과 백의 울타리가 완전해서 다시 계산해도 교차점의 개수는 흑 12집, 백 12집이죠.

② 집의 조건

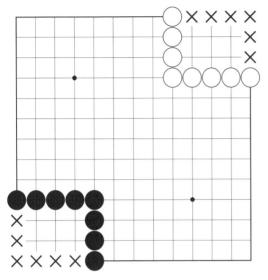

1도(귀는 울타리가 2군데)
보통 바둑판의 가장자리 1선은 공간을 둘러싼 것으로 간주합니다.

지금처럼 귀는 흑과 백이 울타리 두 군데만 둘러싸도 소유가 결정되며 가장자리인 ×들도 집으로 체크됩니다. 그래서 흑 12집, 백 12집입니다.

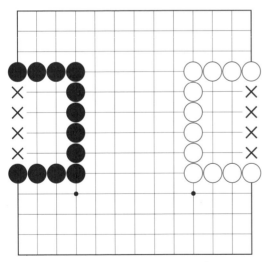

2도(변은 울타리가 3군데)
지금처럼 변에서 집을 만들려면 세 군데의 울타리가 필요합니다. 한쪽 가장자리는 이미 울타리 역할을 합니다.

역시 ×의 1선은 집으로 계산되므로 흑 12집(3×4), 백 12집입니다.

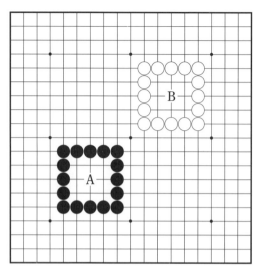

3도(중앙은 4군데 모두)

지금처럼 중앙이라면 네 군데 모두 울타리를 쳐야 집이 생깁니다.

A의 흑은 9집(3×3)이며, B의 백도 9집입니다.

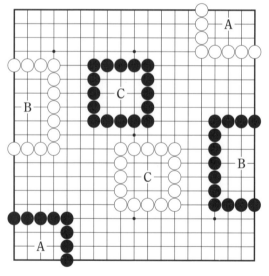

4도(여러 모양의 집)

이번에는 귀, 변, 중앙의 집을 바둑판에 모두 모아봤습니다.

A는 귀의 흑집과 백집이 12집, B는 변의 흑집과 백집이 15집(3×5), C는 중앙의 흑집과 백집이 9집입니다.

실전이라면 이 외에도 여러 모양의 집들이 생길 것입니다.

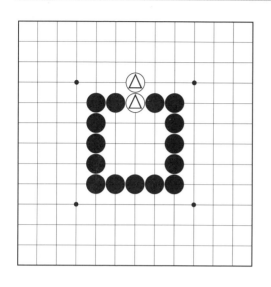

1도(불완전한 집)

만일 집의 모양에 어느 곳이든 상대의 돌이 진입한 상태라면 완전한 집이 아닙니다.

지금처럼 흑집을 예로 들면 백△로 진입하였으므로 흑은 불완전한 집이죠.

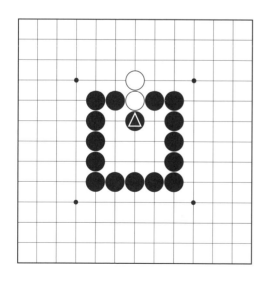

2도(온전한 집)

다행히 백이 울타리 한쪽에 진입할 때 흑▲로 막으면 다시 온전한 집을 만들 수 있습니다.

다만 흑은 흠집이 없을 때보다 1집이 준 8집이 되었죠.

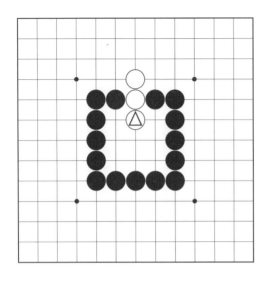

3도(흑집의 파괴)

이번에는 1도의 장면에서 백△로 상대 집안으로 들어온 경우입니다.

그러면 흑집이 완전히 파괴된 모습입니다.

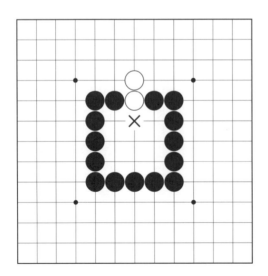

4도(공배)

그러고 보면 1도의 장면에서 2도와 3도에서 보듯이 ×의 곳은 누가 두든 집이 되는 곳이 아닙니다. 이런 곳을 보통 '공배'라 합니다.

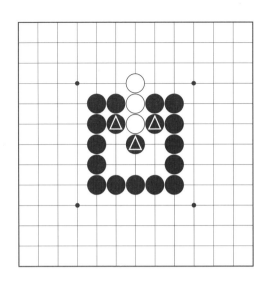

5도(흑, 5집 만들기)

3도 다음 흑△들로 울타리를 고치면 작게나마 집을 보존할 수 있습니다.

그러면 흑은 흠집이 없을 때보다 4집이 준 5집이 됩니다.

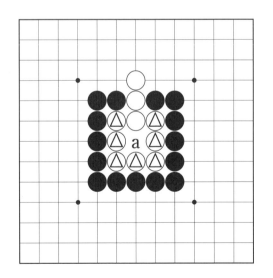

6도(백, 1집 만들기)

이번에는 백이 △들로 안쪽 공간을 둘러싸면 여기에 a의 1집이 생깁니다.

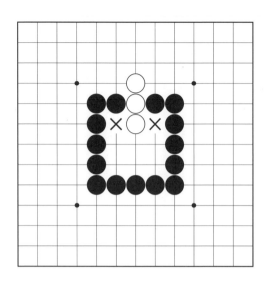

7도(공배 2곳)

5도와 6도에서 보듯이 누가 두든 ×의 2곳은 공배입니다. 공배는 누구의 집도 아닙니다.

나머지 공간은 흑집이든 백집이든 가능성이 있으므로 아직 공배는 아니지요.

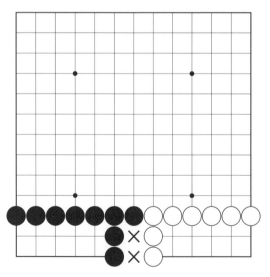

8도(변에서 공배의 예)

변에서 이런 모양이면 왼쪽은 흑집, 오른쪽은 백집이지만 ×의 2곳은 누가 두든 집이 되지 않습니다. 이런 자리는 확실한 공배가 되죠.

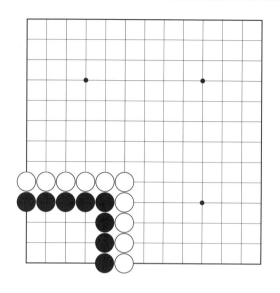

1도(안심)

지금 흑집은 백이 바깥을 둘러싸도 안심할 수 있습니다. 백이 흑집 안에서 활약할 수 없기 때문입니다.

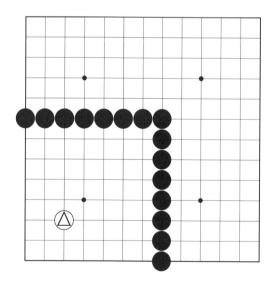

2도(공간이 넓어 불안)

그런데 지금의 흑은 공간이 넓어 불안합니다.

백△로 퐁당 들어가면 안에서 백이 활개를 칠 수도 있습니다.

그러고 보면 집이란 적당한 크기여야 안심할 수 있겠지요.

테마❶　문화의 전파경로처럼 한국에서 수용한 일본의 바둑은 정석과 포석이 장착된 자유기법으로 발전했으며, 오늘날에는 한국과 중국도 이렇게 둔다. 국제경쟁 시대에 한국과 중국은 바둑을 스포츠로 인정하며 치열한 승부를 하고 있다.

2010년 광저우 아시안게임의 정식종목인 바둑에서 한국이 금메달 3개를 모두 차지했다. 한국은 전국체전과 소년체전에 바둑이 정식 종목으로 채택되어 매년 경기를 치른다.

테마❷　바둑은 서로 손으로 돌을 놓으며 대화를 나눈다고 해서 수담이라고도 한다. 세계가 경쟁하는 시대에 바둑은 인간의 마음을 하나로 연결하니 세계평화에도 기여한다.

바둑은 인성을 키우고 지능 및 정서를 함양하는 데 좋은 두뇌 스포츠이다. 바둑은 저절로 생각의 힘을 키워준다. 사고력이 형성되고 논리력을 키워주며 집중력과 창의력이 향상된다.

테마❸　바둑을 두려면 바둑판과 바둑돌이 필요하다. 바둑판은 가로 19줄, 세로 19줄로 모두 361개의 교차점을 갖는다. 바둑돌은 검은 돌과 흰 돌이 있다. 실력이 약한 사람이 흑, 실력이 강한 사람이 백을 쥐고 흑이 먼저 두는 것이 원칙이다. 바둑판의 공간은 귀와 변과 중앙에 있다. 바둑은 흑과 백이 교대로 둔다.

바둑돌을 놓는 곳은 선과 선의 교차점이다. 돌을 쥐는 법은 검지가 아래, 중지가 위로해서 그 사이에 돌을 끼우는 것이 올바르다. 바둑판에 한번 놓인 돌은 다른 곳으로 움직이면 안 된다. 이를 일수불퇴의 원칙이라고도 한다. 서로 실력이 비슷한 사람의 대국을 호선바둑 혹은 맞바둑이라고 한다.

흑은 먼저 두는 이점으로 미리 집을 제공하는데, 이를 덤이라 한다. 실력 차이가 많으면 약한 사람이 화점에 미리 돌을 놓고 백부터 두는데, 이를 접바둑이라 한다.

바둑은 집이 많은 사람이 이기는 게임이다. 일정한 공간을 둘러싸면 집이 생긴다.

테마❹ 집의 크기는 일정한 공간을 둘러싼 교차점의 개수이다. 바둑판의 가장자리 1선은 공간을 둘러싼 것으로 간주한다. 귀는 두 군데, 변은 세 군데, 중앙은 네 군데 모두 울타리를 쳐야 집이 생긴다.

집의 모양에 상대의 돌이 진입한 상태라면 불완전한 집이다. 누가 두든 집이 되지 않는 곳을 공배라 한다. 집은 크면 좋지만 영토가 너무 크면 상대가 들어와서 활개를 치므로 불안한 집이 된다.

모양으로 이해하는 핵심 용어

① 귀

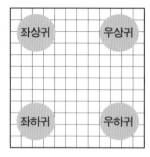

② 변

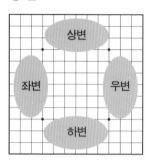

③ 중앙

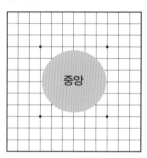

④ 착점: 흑1로 놓는 행위

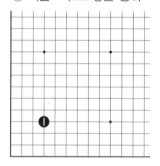

⑤ 호선바둑: 흑부터 둔다

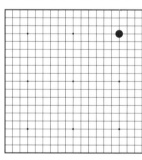

⑥ 접바둑: 4점의 예(백부터)

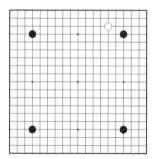

⑦ 집: 12집의 예(×의 곳)

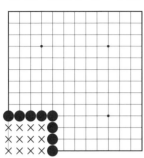

⑧ 귀의 집

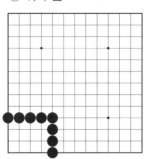

⑨ 변의 집

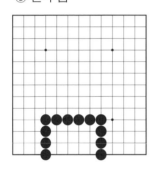

⑩ 중앙의 집

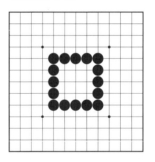

⑪ 불완전한 집

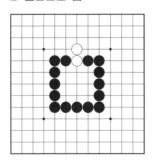

⑫ 공배: ×의 곳

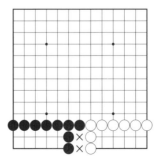

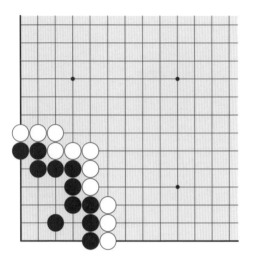

▦ 문제 1

영토를 둘러싸고 서로 싸우다 보면 집은 항상 다양한 형태로 완성됩니다.

다음 흑집의 크기는 몇 집인지 세어보세요. 돌을 하나만 눈으로 옮기면 계산하기 편합니다.

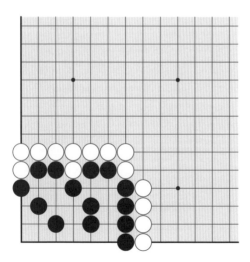

▦ 문제 2

집을 계산할 때 크기에 변함이 없는 가급적 반듯한 모양을 가정하면 편합니다.

다음 흑집의 크기는 몇 집인지 세어보세요.

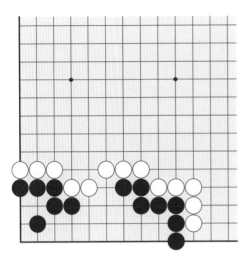

▦ 문제 3

귀에서 변으로 펼쳐진 흑집
이 아주 허술해 보입니다.

흑집의 단점을 보강해서
완성시켜 보세요. 그리고 완
성된 집은 몇 집일까요?

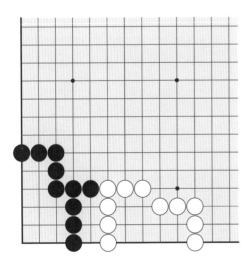

▦ 문제 4

다음은 흑집과 백집의 모양
을 보여줍니다. 누구의 집도
아닌 곳은 공배입니다.

여기서 공배는 어디인지
표시해보세요.

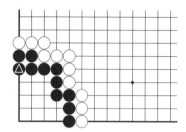

▦ 문제 1 (정답)

안에 있던 흑돌 하나를 ●로 옮기면 계산하기 좋습니다. 흑집은 14집(3×4+2)입니다.

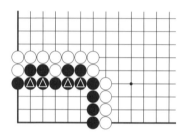

▦ 문제 2 (정답)

안쪽에 있던 흑돌 4개를 ●들로 옮긴 모습입니다. 아주 반듯해졌지요. 그런 다음 계산하면 18집(6×3)입니다.

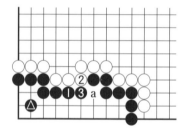

▦ 문제 3 (정답)

허술한 집을 완성시키려면 일단 흑1로 외벽을 막아야 합니다. 백2로 들어오면 흑3에 마저 막아서 완전합니다. 그리고 집을 계산할 때는 흑●의 돌을 a로 옮기면 편하겠지요. 그렇게 가정하면 흑집은 20집(9×2+2)입니다.

▦ 문제 4 (정답)

공배는 ×의 곳입니다. 이곳 3군데는 누구의 집도 아닙니다.

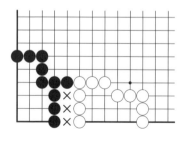

2부
바둑을 두기 위한
기본 규칙

바둑은 집이 많으면 이기는 게임인데, 집을 다투는 가운데 싸움은 필연입니다. 싸움은 결국 돌과 돌의 충돌로 일어나므로 잡고 잡히는 상황이 연출됩니다. 여기서는 어떻게 돌을 잡는지 알아봅니다.

① 활로-돌이 살아가는 길

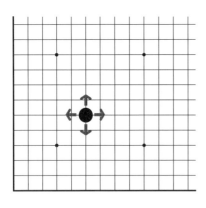

1도(활로)

생물이 호흡하며 살듯이 바둑판에 놓인 돌도 호흡하며 존재합니다. 기본적으로 돌 하나에는 상하좌우 방향으로 4개의 '호흡점'이 있습니다. 그림에서 보듯이 선을 따라 화살표가 호흡점이죠. 바둑 용어로는 '활로'라고 부릅니다.

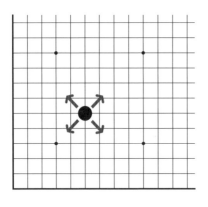

2도(활로는 돌의 직선 방향)

활로는 돌의 직선 방향이라 정했으므로 그림처럼 대각 방향의 화살표는 활로가 아닙니다. 활로는 놓인 돌에서 가장 가까운 교차점이라 기억하면 좋겠지요.

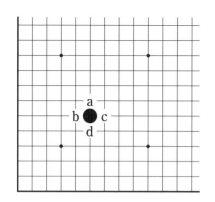

3도(최단 교차점)

그림의 흑돌에서 최단 교차점이라면 a, b, c, d의 네 군데입니다. 이 네 군데가 지금 흑 한점의 활로라 보면 정확합니다.

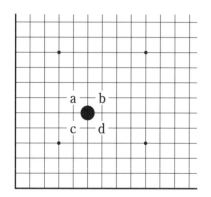

4도(활로가 아닌 교차점)

그러므로 놓인 돌에서 대각 방향의 교차점은 활로가 아닙니다.

다시 말해 가까운 거리에 있는 교차점이라도 a~d의 네 곳은 활로가 아니지요.

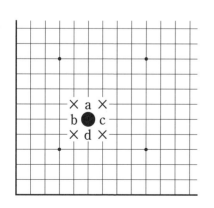

5도(활로의 정리)

정리하자면 그림의 흑 한점에서 활로는 a, b, c, d의 네 곳이며, 대각 방향인 ×의 네 곳은 활로가 아닙니다. 참고로 돌 하나는 '한점'이라고 합니다. 돌이 2개이면 두점이 되겠지요. 활로는 돌을 잡고 살리는 데 핵심이 되므로 잘 기억해두기 바랍니다.

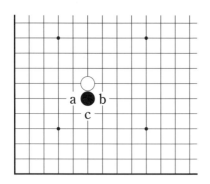

1도(활로 3군데)

그림은 흑 한점의 위쪽 활로를 백돌이 차단한 장면입니다.

그러면 흑의 활로는 a, b, c의 세 군데로 줄어듭니다.

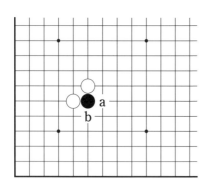

2도(활로 2군데)

만일 백이 흑의 왼쪽 활로도 차단하면 흑의 활로는 a와 b, 두 군데로 줄어들겠지요.

3도(단수)

그림은 흑의 오른쪽 활로까지 백로 차단해 흑 한점의 활로는 a만 남은 장면입니다.

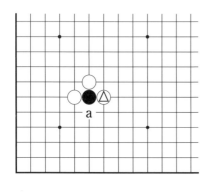

이처럼 돌의 활로가 하나만 남은 상태를 '단수'라고 합니다. 그리고 백△로 두는 행위를 '단수친다'고 부릅니다. 단수가 되면 돌이 위험하다고 인지해야 합니다.

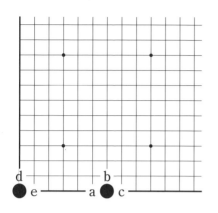

4도(활로의 조건)

바둑판의 가장자리라면 활로의 조건이 달라집니다. 변에 놓인 흑 한점의 활로는 a, b, c의 3개입니다. 이미 한쪽 가장자리 1선이 막혀있기 때문이죠. 귀퉁이의 흑 한점은 더더욱 활로가 d와 e의 2개뿐입니다. 가장자리 1선이 양쪽으로 막혀있기 때문이죠.

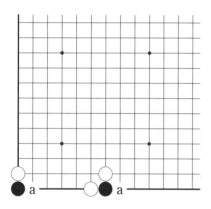

5도(1선에서 단수의 예)

이 그림에서 보듯 백이 가장자리 1선에서는 두 군데, 귀퉁이 1선에서는 한 군데의 활로만 막아도 단수가 됩니다.

　모두 흑의 활로가 a쪽 하나만 남은 상태이기 때문입니다.

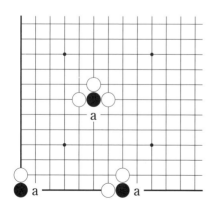

6도(모두가 단수 상태)

다음은 귀퉁이와 변의 가장자리, 안쪽 공간에서의 단수를 한꺼번에 보여줍니다.

　모두 흑 한점의 활로가 a쪽 하나임을 알 수 있습니다.

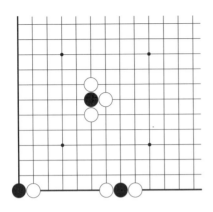

7도(활로 하나만 남으면 단수)

이 그림도 모두 단수 상태임을 보여줍니다.

활로가 상하좌우 어느 방향이 든 하나만 남으면 역시 단수가 되지요.

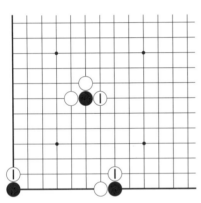

8도(단수치는 모습)

이번에는 모두 백이 1로 단수치 는 모습을 보여줍니다.

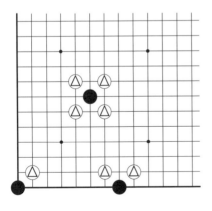

9도(대각 방향은 활로가 아니다)

이 그림은 백△들이 모두 흑 한 점의 대각 방향에 놓여 있습니다. 물론 직선 방향이 아니므로 흑의 활로는 고스란히 남아 있겠지요.

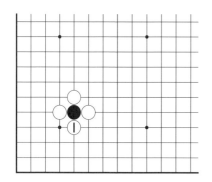

1도(따냄)

단수 상태에서 마지막 활로까지 차단하면 돌을 잡을 수 있습니다. 이런 경우 '따냄'이라고 합니다. 그림에서 백1이면 따냄이 이루어집니다. 이때 잡힌 흑 한점은 판에서 들어내는 것이 규칙입니다.

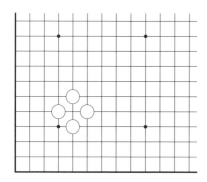

2도(따낸 결과)

그러면 그림과 같은 결과가 됩니다. 따낸 한점은 대국이 마무리되고 집을 계산할 때 상대방 집을 메우는 데 사용합니다.

지금은 백이 따냈으므로 상대방 흑집에 메우겠지요.

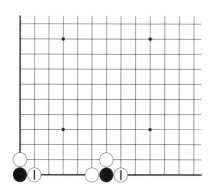

3도(귀퉁이와 가장자리)

바둑판의 귀퉁이와 가장자리에서는 모두 백1로 활로를 차단하면 따냄이 이루어집니다.

이 경우 바둑판의 1선은 활로를 차단하는 역할을 하지요.

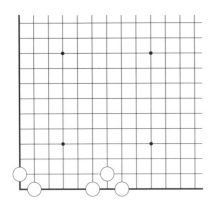

4도(1선에서 따낸 결과)

귀퉁이와 가장자리에서 흑 한점을 따내면 이런 결과가 됩니다.

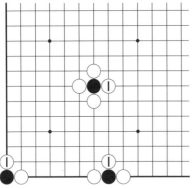

5도(한점을 따내는 모습)

이 그림도 귀와 변, 중앙에서 모두 백1로 흑 한점을 따내는 모습을 보여줍니다.

6도(1집이 생긴 모양)

이 그림은 흑 한점을 따낸 결과입니다. 공간을 둘러싸면 집이 생긴다는 개념을 도입하면 모두 ×의 곳에 백 1집이 생긴 모습입니다.

백이 1집을 만드는 데 귀는 2개의 돌, 변은 3개의 돌, 중앙은 4개의 돌이 사용되고 있음도 기억해두면 좋습니다.

같은 집을 만드는 데 귀→변→중앙 순으로 효율적임을 어렴풋이나마 짐작하면 좋겠지요.

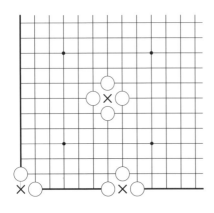

하나의 돌을 어떻게 잡는지 알았다면, 그 원리를 2개 이상의 돌을 잡는 데도 적용할 수 있습니다. 이와 더불어 여기서는 돌이 잡히지 않으려면 활로를 어떻게 늘려서 도망가는지도 알아봅니다.

① 돌을 연결하며 활로 늘리기

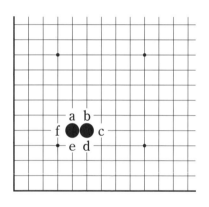

1도(두점의 활로)

이 그림처럼 완전히 연결된 두점이면 활로는 자동적으로 늘어납니다. 완전히 연결된 돌이란 교차점으로 이어진 모습을 말합니다.

지금은 a~f, 6개의 활로가 생겼습니다. 한점이 활로 4개이므로 2개 늘어난 모습이지요.

2도(대각 방향이면 따로 계산)

참고로 두점이 대각 방향이면 활로의 계산이 달라집니다. 한점씩 두 군데 놓여 따로 계산되며, 각각 활로가 a~d, c~f로 4개씩입니다. c와 d의 두 군데는 활로를 공유하는 모습이지요.

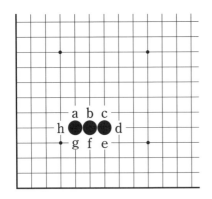

3도(일렬 석점의 활로)

일렬로 연결된 석점이면 활로가 a~h의 8개입니다.

　이처럼 돌이 늘어나면 활로가 2개씩 더해짐을 알 수 있습니다.

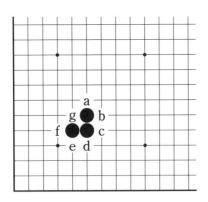

4도(빈삼각 석점의 활로)

이 그림처럼 석점을 꼬부려서 삼각형 형태로 연결하면 활로가 a~g의 7개로 줄어듭니다.

　'빈삼각'이라 부르는데, 활로가 하나 줄어든 만큼 나쁜 모양이라 기억해두면 좋습니다.

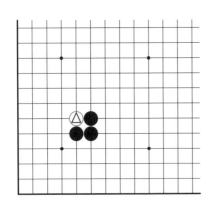

5도(빈삼각이 아닌 강한 석점)

만일 이런 식으로 상대 백△가 삼각형의 빈자리에 들어와 있다면 흑은 빈삼각이 아닙니다.

　나중에 배우겠지만 오히려 흑 석점은 강한 돌이 됩니다. 빈삼각과 아닌 모양을 구별하기 위해 제시했습니다.

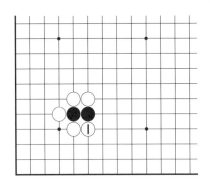

1도(두점을 따내려면?)

백이 연결된 흑 두점을 따내려면 활로를 막아가며 일단 단수를 칩니다.

이 그림에서는 백1로 단수친 모습입니다.

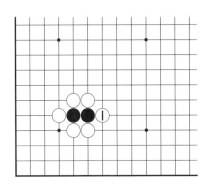

2도(마지막 활로를 막으며 따낸다)

그런 다음에 백1로 마지막 활로를 막으면 흑 두점을 따낼 수 있습니다.

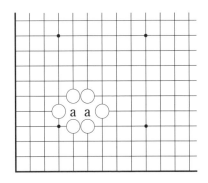

3도(두점을 따낸 결과)

이 그림은 흑 두점을 따낸 결과를 보여줍니다. 반드시 바둑판에서 흑 두점을 들어내서 백의 바둑통 뚜껑에 담는 것이 원칙입니다. 그러고 보니 a의 곳에 백 2집이 생긴 모습입니다.

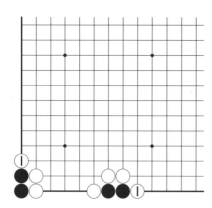

4도(가장자리와 귀퉁이의 두점)

가장자리와 귀퉁이의 흑 두점이라면 안쪽 활로만 막아주면 됩니다. 백1로 마지막 활로를 막으면 흑 두점을 따낼 수 있겠지요.

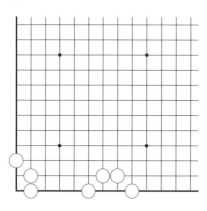

5도(따낸 결과)

그러면 이런 결과가 됩니다. 역시 가장자리와 귀퉁이에 백 2집씩 생긴 모습입니다. 두점을 따냈으니 당연한 이치겠지요.

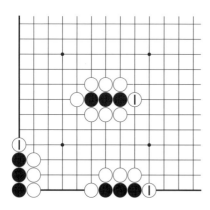

6도(흑 석점의 따냄)

이번에는 귀퉁이와 가장자리, 중앙에서 일렬로 연결된 흑 석점을 따내는 모습입니다.

각각 단수 상태에서 백1로 마지막 활로를 막으면 흑 석점을 따낼 수 있습니다.

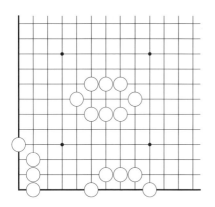

7도(따낸 결과)

그러면 이런 결과가 됩니다. 흑 석점을 따냈으므로 세 지역에서 백 3집씩 생긴 모습이지요.

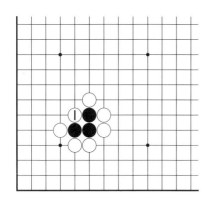

8도(빈삼각 석점의 따냄)

빈삼각 모양으로 연결된 흑 석점이라면, 이처럼 단수 상태에서 백 1로 마지막 활로를 막으면 흑 석점을 따낼 수 있습니다.

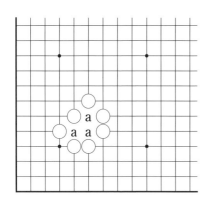

9도(따낸 결과)

그러면 이런 결과가 되겠지요. 흑 석점을 따냈으므로 역시 a의 곳에서 백 3집이 생긴 모습입니다.

③ 활로 늘리며 달아나기

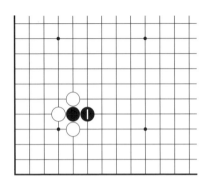

1도(활로로 나간다)

단수된 돌을 달아나려면 어떻게 해야 할까요. 따냄과 달아나기는 동전의 양면입니다. 흑 한점이 달아나려면 1로 연결하면 됩니다. 흑은 마지막 남은 활로로 나가면 따냄을 피할 수 있습니다.

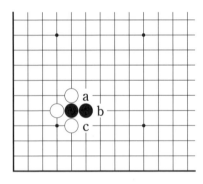

2도(달아난 결과)

흑이 달아난 결과인데, 흑의 활로가 a~c의 3개로 늘어난 모습입니다. 한 수씩 교대로 두므로 이제 흑을 잡기란 어려워졌습니다.

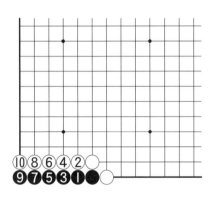

3도(가장자리의 달아나기)

가장자리와 귀퉁이에서도 달아나기가 가능할까요?

가장자리를 보면 흑1로 달아나도 백2로 위의 활로를 막으면 단수입니다. 계속해서 달아나도 활로가 하나 이상 늘어나지 않습니다. 결국 귀퉁이까지 가서 백10이면 흑이 모두 잡힌 모습이지요.

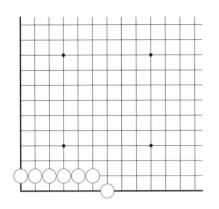

4도(1선은 막힌 벽으로 작용)

결국 잡힌 흑 6점을 백이 따내면 이런 결과가 됩니다.

　가장자리에서는 한쪽 1선이 막힌 벽으로 작용하기 때문에 달아나는 쪽이 불리합니다. 애초에 흑은 손해가 커지기 전에 달아나기를 포기해야 하겠지요.

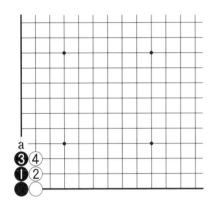

5도(귀퉁이의 경우)

귀퉁이는 가장자리의 연장이라고 봐도 좋겠습니다.

　흑1에 달아나도 백2, 4로 계속 안쪽에서 활로를 차단하면 흑은 활로가 하나뿐(a)으로 더 이상 늘어나지 않습니다. 역시 흑의 손해만 커질 뿐이죠.

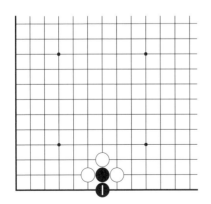

6도(활로가 1선이라면?)

바둑판 안쪽의 공간에서도 활로가 1선이라면 달아나기 어렵습니다. 지금 흑 한점이 단수 상태에서 흑1로 달아나도 활로가 1선에 막힌 모습입니다.

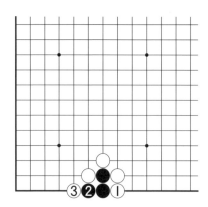

7도(바로 단수)

그로인해 백1로 바로 단수가 가능하며 흑2로 달아나도 백3이면 모든 활로가 막혀 흑 석점이 잡힌 모습입니다.

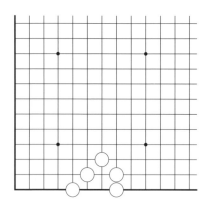

8도(따낸 결과)

이 그림은 백이 흑 석점을 따낸 결과입니다.

이렇게 되기 전에 흑은 애초에 달아나기를 포기해야 하겠지요.

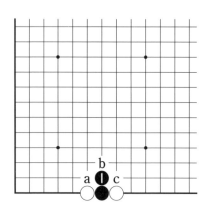

9도(모두 1선의 단수인 경우)

가장자리라도 그림처럼 백이 모두 1선에서 활로를 차단해 단수된 상황이면 결과는 달라집니다.

흑1로 연결하는 순간 활로가 a ~c의 곳에 3개로 늘어나 달아나는 데 문제없습니다. 중앙에서와 같은 모습이지요. 활로가 중앙을 향해 열려있었기 때문입니다.

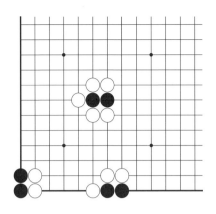

10도(두점의 달아나기)

이번에는 두점의 달아나기를 보지요. 귀와 변, 중앙 쪽에서 흑이 단수에 몰린 상태를 모두 나열했습니다. 이때 달아나기의 가능 여부를 구별해 보겠습니다.

11도(활로 3개면 잡히지 않는다)

귀와 변의 끝에서는 흑1, 3으로 아무리 달아나봤자 백4로 막으면 단수가 계속됩니다. 흑이 a로 나가도 활로가 2개 넘게 늘어나지 않습니다. 결국 끝에 가서는 잡힐 수밖에 없겠지요. 중앙은 경우가 다릅니다. 흑1로 연결하는 순간 활로가 a~c의 3개로 늘어납니다. 달아나는 데 문제없지요.

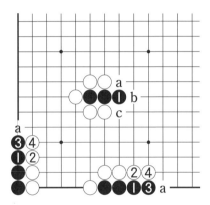

12도(석점 단수의 경우)

석점 단수의 경우도 판의 안쪽에서는 흑1의 넉점으로 연결하는 순간 활로가 늘어나 역시 달아나는 데 문제없습니다. 물론 귀와 변의 끝에서는 11도와 같은 이치가 되면 달아나기 어렵습니다.

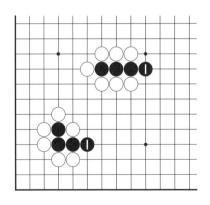

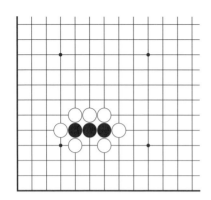

13도(달아날 수 있을까?)

중앙 쪽이라도 그림과 같은 단수 상태라면 상황이 달라집니다.

과연 흑 석점은 달아날 수 있을까요?

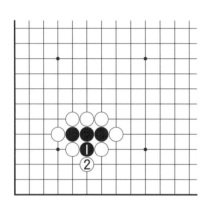

14도(달아날 수 없다)

이 모양에서는 마지막 활로인 흑 1로 달아나기 어렵습니다.

백2면 모든 활로가 막혀 잡히기 때문이죠.

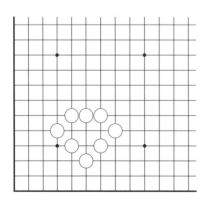

15도(중앙에서 잡힌 결과)

이 그림은 백이 흑 넉점을 따낸 결과입니다. 이렇게 되기 전에 흑도 13도 단수 상태에서는 석점을 포기해야 하겠지요.

그리고 보면 단수 상태에 따라 잡을 수 있기도 하고, 달아나는 데 문제없기도 합니다.

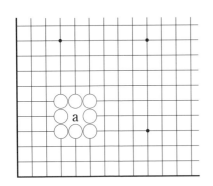

1도(완전무결한 1집)

바둑판에서 공간을 둘러싸면 집이 생긴다고 했지요?

이 그림은 백이 a의 1집을 마련하기 위해 공간을 완전무결하게 둘러싼 모습입니다.

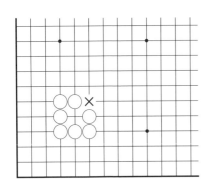

2도(효율적 1집)

좀 더 효율적으로 1집을 마련하자면 둘러싼 돌의 모서리 4개 중하나는 없어도 됩니다.

이 그림은 ×의 백돌 하나를 없앤 모습입니다. 그래도 완전한 1집이죠.

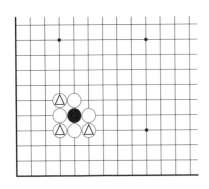

3도(한점을 따내는 경우)

흑 한점을 따내는 경우라면 활로를 둘러싸는 것이 핵심입니다.

따라서 백△들 석점도 필요없습니다. 불필요한 돌을 제거하고흑 한점을 따내면~

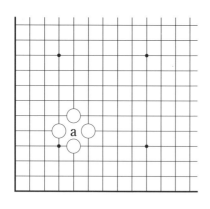

4도(빵따냄)

이런 결과가 됩니다. 이런 군더더기 없는 한점 따냄을 보통 '빵따냄'이라 부릅니다.

a의 1집은 2도에 비해 불완전하지만 '빵따냄 30집'이란 격언이 있을 정도로 그 위세는 강하지요. 특히 빵따냄은 중앙으로 향할수록 그 효력이 커집니다.

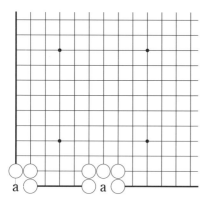

5도(귀와 변의 1집)

귀와 변의 끝에서 1집을 마련하자면 이 그림처럼 공간을 둘러싸면 완전합니다. 그러면 각각 a의 1집이 생긴 모습입니다.

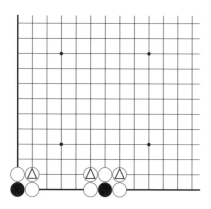

6도(귀와 변의 한점 따냄)

귀와 변의 끝에서 한점 따냄의 경우라면 백△들은 불필요합니다. 흑의 활로만 둘러싸면 되기 때문이죠. 필요한 돌로만 흑 한점을 따내면~

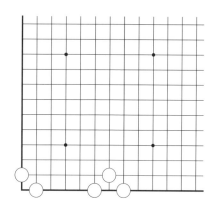

7도(귀와 변의 효율적 따냄)

이런 결과가 됩니다. 불필요한 돌이 제거되었으므로 귀와 변의 끝에서 따냄의 가장 효율적인 모습이지요.

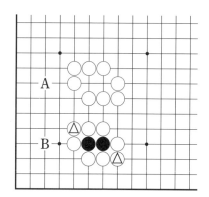

8도(2집과 두점 따냄)

A는 2집을 마련하기 위해 공간을 효율적으로 둘러싼 모습입니다. B는 두점 따냄의 경우인데, 백△ 두점은 활로와 관계없는 불필요한 돌입니다.

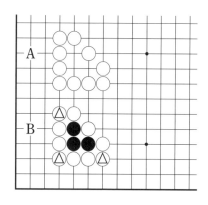

9도(3집과 석점 따냄)

A는 3집을 마련하기 위해 공간을 효율적으로 둘러싼 모습입니다. B는 석점 따냄의 경우인데, 백△들 석점은 활로와 관계없는 불필요한 돌입니다.

바둑 두기는 바둑판에 돌을 놓는다는 뜻에서 '착점' 또는 '착수'라고도 하며, 단순히 '수'라고 표현하는 경우도 있습니다. 보통은 서로 자유롭게 수를 나누지만 특별히 '착수금지'라는 조항이 있는데, 이를 어기면 반칙패가 되겠지요. 여기서는 착수금지를 활용한 삶의 가장 기본적인 조건에 대해서도 알아봅니다.

① 둘 수 없는 자리 - 착수금지

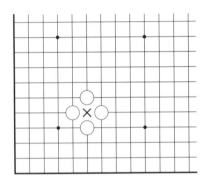

1도(둘 수 없는 자리)

이 그림은 백의 빵따냄 모양인데, ×의 곳은 흑이 둘 수 없습니다. 물론 백은 둘 수 있겠지요.

왜 그런지 잠시 생각해봅시다. 이제 눈치 챘는가요?

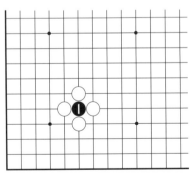

2도(둘 수 없는 이유)

만일 흑1로 두면 활로가 모두 막혀 백이 따내는 모양이 됩니다.

그러면 흑은 자살행위나 다름 없기 때문에 바둑 규칙은 이를 흑의 반칙으로 정하고 있습니다.

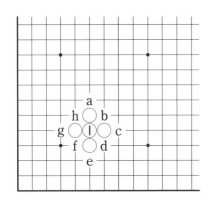

3도(백은 둘 수 있다)

반면에 백1이면 전체가 연결된 모양이며 활로가 a~h의 8개나 됩니다. 백은 당연히 둘 수 있겠지요.

다만 백은 자기 집을 없애는 형태가 되어 손해를 감수해야 하므로 굳이 둘 이유가 없겠지요.

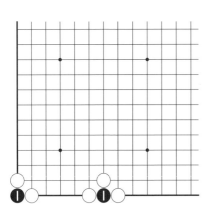

4도(귀와 변의 착수금지)

귀와 변의 끝에서도 흑1은 착수금지에 해당됩니다. 모두 흑의 활로가 막힌 상태이기 때문이죠.

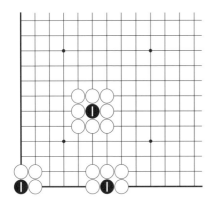

5도(1집 모양에서 착수금지)

백이 귀와 변, 중앙에서 각각 1집씩을 마련한 모양입니다.

이 모양에서도 흑1은 모두 착수금지에 해당합니다. 백이 따내는 형태이기 때문이죠.

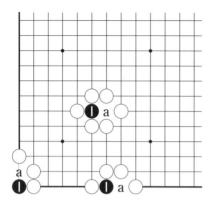

6도(잡혔지만 착수금지는 아니다)

이 그림에서 흑1로 들어가는 것은 모두 착수금지가 아닙니다.

　아직 a의 활로가 있으므로 둘 수는 있지만, 흑이 손해는 감수해야겠지요. 백은 언제든 a에 두면 흑 한점을 따낼 수 있으므로 모두 잡혀있습니다.

7도(착수금지)

여기서 포기하지 않고 흑1로 두는 것은 모두 착수금지에 해당합니다. 연결된 흑 두점의 활로가 모두 막혀있기 때문이죠.

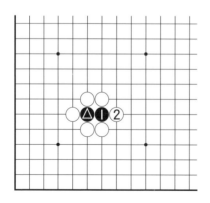

8도(탈출할 수 없다)

이 형태에서도 ❷를 탈출하려고 흑1로 두는 것은 손해를 자초합니다. 착수금지는 아니지만, 백2로 막으면 흑 두점이 잡히기 때문이지요.

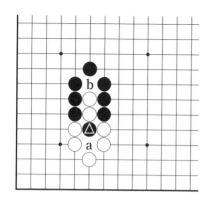

9도(어디에 두어야 할까?)

이 모양에서 흑▲가 단수에 몰려 위험합니다. 흑이 이를 벗어나려면 a와 b 중에서 어디에 두어야 할지 생각해보세요.

흑a는 착수금지 자리이므로 둘 수 없습니다. 흑b로 두어야 백 두 점을 따낼 수 있겠지요. 그러면~

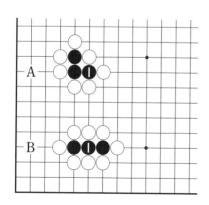

10도(위험에서 벗어난 결과)

이런 결과가 되겠지요. 이처럼 흑이 위험에 처해도 착수금지를 피해서 상대방을 잡으면 위험에서 벗어날 수 있습니다.

11도(착수금지)

이 그림에서도 A와 B의 흑1은 착수금지 자리여서 둘 수 없습니다. 두는 순간 흑 석점의 모든 활로가 막히기 때문이지요.

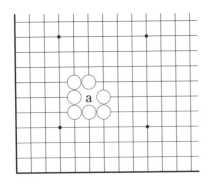

1도(착수금지에 해당)

이 그림의 백은 a의 1집 모양을 이루고 있습니다.

이 상태에서 흑은 a에 둘 수 없습니다. 앞에서 배운대로 착수금지에 해당하기 때문이지요.

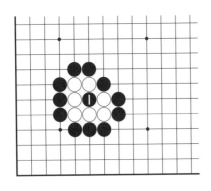

2도(착수금지에서 해제)

그런데 그림처럼 백 모양의 바깥 활로가 모두 막혔다고 가정해봅시다.

그러면 흑1은 착수금지에서 해제됩니다. 흑1로 두면서 백 전체를 따낼 수 있기 때문이죠.

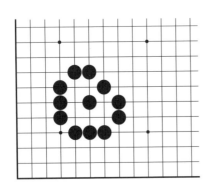

3도(착수금지가 적용되지 않는다)

이 그림은 흑이 백 전체를 따낸 결과입니다.

이처럼 따낼 수 있는 경우에는 착수금지도 적용되지 않음을 기억해야 합니다.

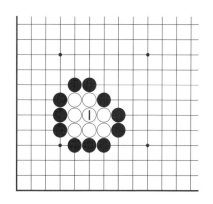

4도(착수금지)

여기까지 배웠으면 백1로 자기 집을 메우지는 않을 테지요.

자기 집의 모든 활로가 막혔기 때문에 착수금지에 해당합니다.

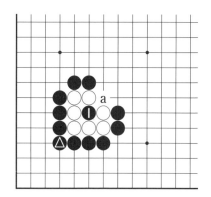

5도(바깥 활로가 존재)

a에 있던 흑돌이 ▲로 이동했습니다. 그러면 흑1은 착수금지에 해당합니다. 백의 a쪽 활로가 존재하기 때문이죠. 이때 흑▲는 백의 활로를 막는 데 아무런 영향도 주지 못합니다.

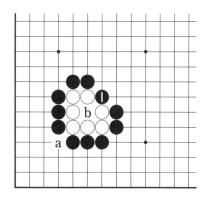

6도(효과적인 역할)

a의 흑은 1로 백의 바깥 활로를 막으면서 백 전체를 단수쳐야 효과적인 역할을 하겠지요. 이때 백 집이었던 b는 활로가 되지만 백은 단수로 잡히는 모습입니다.

즉, 백은 b에 둘 수 없지만 흑은 언제든 b에 두어 따낼 수 있으므로 백은 잡힌 모습이지요.

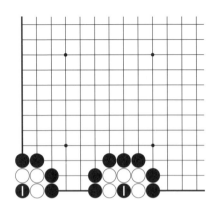

7도(착수금지에서 제외)

귀와 변에서도 흑1은 착수금지에서 제외됩니다.

　백의 모든 활로를 막아 따낼 수 있는 자리이기 때문이죠.

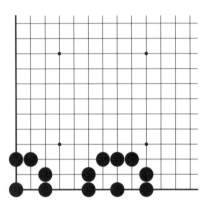

8도(따내는 경우)

이 그림은 귀와 변에 있던 백을 따낸 결과입니다.

　역시 따낼 수 있는 경우에는 착수금지도 적용되지 않습니다.

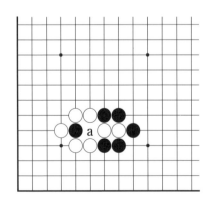

9도(주변 상황을 따진다)

이 그림에서 흑은 a에 둘 수 있을까요?

　모양으로 보면 착수금지 자리인데, 주변 상황을 따져서 생각해 봐야 합니다.

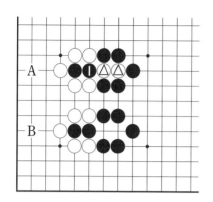

10도(백 두점을 따낼 수 있다)

A에서, 흑1로 두면 백△ 두점을
따낼 수 있습니다. 따라서 흑1은
둘 수 있는 자리입니다.

B는 백 두점을 따낸 결과를 보
여줍니다.

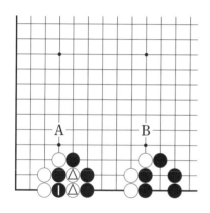

11도(가장자리의 경우)

이번에는 가장자리의 경우입니
다. A에서, 흑1은 착수금지가 아
닙니다. 백△ 두점을 따낼 수 있
기 때문이죠.

B는 백 두점을 따낸 결과를 보
여줍니다.

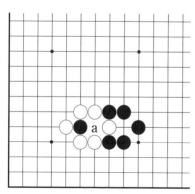

12도(둘 수 있을까?)

이 그림에서 흑은 a에 둘 수 있는
지 생각해보세요.

착수금지의 예외가 아니라면
둘 수 없겠지요.

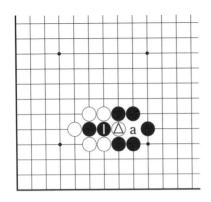

13도(둘 수 없다)

지금은 흑1로 두면 a의 활로가 있는 백△를 따낼 수 없습니다.

오히려 흑1이 따냄 상태이므로 착수금지에 해당합니다.

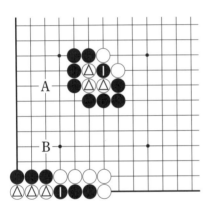

14도(둘 수 있는 자리)

이 그림에서 A와 B의 흑1은 착수금지가 아닙니다.

각각 백△ 석점을 따낼 수 있으므로 둘 수 있는 자리입니다.

15도(따낸 이후)

백 석점을 따낸 결과입니다. 따내고 보니 A는 흑의 모양이 알찹니다. B는 흑의 모양에 결함이 있습니다. 즉, 흑△ 석점이 단수 상태가 되어 다음 백도 a에 두면 흑 석점을 따낼 수 있습니다.

이처럼 따낸 이후의 모양도 미리 생각해두면 좋겠지요.

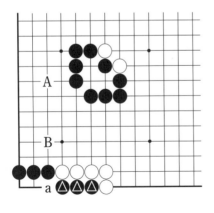

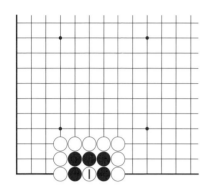

1도(흑의 죽음)

이 그림은 흑 1집의 바깥 활로를 백이 모두 둘러싼 형태입니다.

이때 백1이면 흑 5점이 몽땅 죽습니다. 흑의 활로가 모두 막히므로 백1은 착수금지가 아님을 이제는 알겠지요.

2도(2집의 생사는?)

이번에는 흑이 a와 b의 2집인 형태입니다.

백이 바깥 활로를 모두 막은 상황인데, 흑의 생사는 어떻게 될까요?

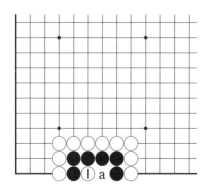

3도(상식)

지금까지 배움을 토대로 상식적으로 생각해봅시다.

백1이면 a의 활로 하나만 남은 흑은 단수 상태입니다. 다음 백이 a로 두면 흑 전체를 따낼 수 있겠지요.

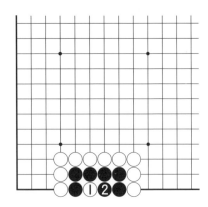

4도(흑의 대처)

그렇다면 백1에 흑도 대처해야
하겠지요. 그렇더라도 흑2로 백1
의 한점을 따내는 정도입니다.

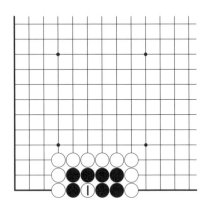

5도(2집 모양도 죽음)

결국 이런 1집 모양이 됩니다. 이
제는 눈치 챘겠지요?

　백1이면 착수금지 예외조항에
따라 흑 전체를 따낼 수 있습니
다. 따라서 2도처럼 2집인 흑도
죽음을 피할 수 없습니다.

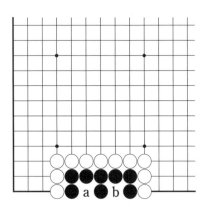

6도(1집씩 2개인 경우)

이번에는 흑이 a와 b의 1집씩 2
개 있는 형태입니다.

　백이 바깥 활로를 모두 둘러싼
상황인데, 흑의 생사는 어떻게 될
까요?

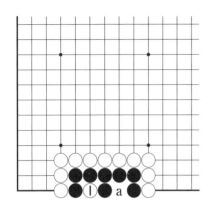

7도(착수금지 1)

백은 1로 두는 순간 모든 활로가 막히니 착수금지에 해당합니다. 흑은 아직 a의 활로가 있어 염려 없습니다.

바둑은 한 수씩 교대로 두므로 백1은 둘 수 없는 곳입니다.

8도(착수금지 2)

물론 오른쪽 백1도 착수금지의 곳입니다.

두는 순간 흑이 백1의 한점을 따내는 형태이기 때문이지요. a 의 활로가 있음을 기억합시다.

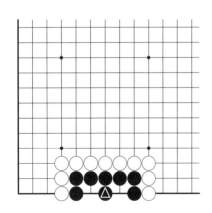

9도(두 눈의 삶)

그리고 보면 2집이라도 흑▲로 1 집씩 두 군데로 나뉘어 있으면 착수금지에 따라 사는 데 문제없습니다. 이를 '두 눈의 삶'이라 합니다. 쉽게 비유해서 방이 두 개 딸린 주택에서 하나의 방은 하나의 '눈'이라 생각해도 좋겠지요.

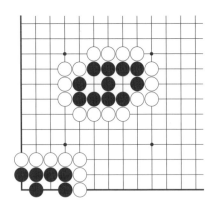

10도(귀와 중앙에서 두 눈의 삶)

귀와 중앙에서 두 눈의 삶을 보여줍니다. 흑은 바깥 활로가 모두 막혀있지만 안에서 1집씩 두 눈의 삶이 보장되어 있습니다.

　나중에 계가(집계산)를 하는 경우 흑은 각각 2집으로 계산합니다.

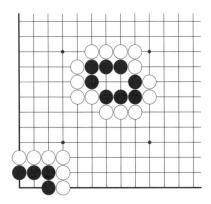

11도(2집의 눈 하나는 죽음)

이 그림은 귀와 중앙에서 흑이 2집의 모양을 하고 있지만 눈은 하나뿐입니다.

　이미 배웠듯이 2집의 눈 하나는 죽음이라고 기억해두면 좋습니다.

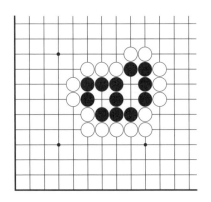

12도(삶의 보장)

이처럼 2집의 눈이라도 이와 더불어 최소한 1집의 눈 하나가 더 해져야 삶이 보장됩니다. 좁은 공간에서는 눈 2개가 삶의 조건임을 기억해두기 바랍니다.

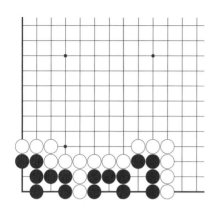

13도(두 눈의 삶)

이 그림은 귀와 변에서 흑의 삶을 보여줍니다.

각각 2집의 눈과 1집의 눈으로 조합된 두 눈의 알찬 모습입니다.

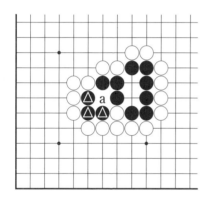

14도(단수 상태)

이 경우는 흑▲ 석점이 단수 상태입니다. 언제든 백a면 흑 석점을 따낼 수 있지요.

따라서 a를 집으로 착각해서 두 눈의 삶이라고 주장하면 안됩니다.

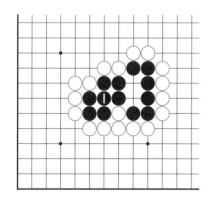

15도(2집의 한 눈으로 죽음)

흑1로 두어 석점을 살리더라도 상황은 달라지지 않습니다. 이렇게 되고 나도 흑은 2집의 한 눈뿐이므로 살 수 없지요.

바둑을 두다보면 서로 반복해서 한점을 따내는 형태가 나올 수 있습니다. 이를 '패'라고 부르는데, 바둑 규칙에서는 순조로운 진행을 위해 반복 행위를 금지합니다. 여기서는 패의 모양과 더불어 패가 생기면 어떻게 해결하는지, 그리고 모양이 유사한 '옥집'에 대해서도 알아봅니다.

① 동형반복의 금지

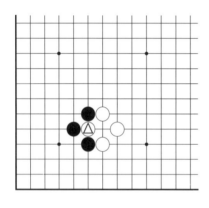

1도(좌우동형)

지금 이 그림을 봅시다. 바둑을 두다보면 충분히 나올 수 있는 모양입니다.

백△가 단수 상태인데, 이를 제외하고 좌우 흑과 백은 동형(같은 모양)입니다.

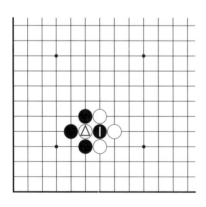

2도(흑이 따내는 경우)

이때 흑1로 백△ 한점을 따내봅니다. 그리고 나서 모양이 어떻게 변하는지 미리 생각해보세요.

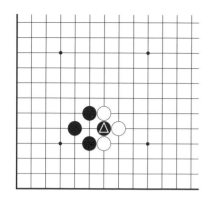

3도(역시 동형)

그러면 이런 모양이 됩니다. 이번
에는 흑▲가 단수 상태가 되며,
좌우 흑과 백은 역시 동형입니다.

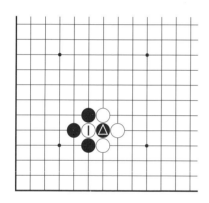

4도(백이 따내는 경우)

이때 백도 1로 흑▲ 한점을 따내
볼까요. 그리고 다시 한번 모양의
변화를 생각해보세요.

이쯤해서 눈치가 빠른 분은 궁
금증이 생기겠지요.

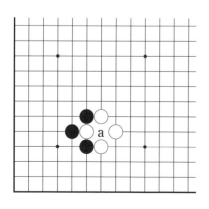

5도(패의 규칙 – 동형반복 금지)

결과적으로 1도로 환원된 모양이
됩니다. 그러면 흑이 a로 따내서
2~4도가 반복될 것입니다. 서로
따내고 따내서 대국진행이 어렵
겠지요. 그래서 바둑 규칙은 이와
같은 동형반복을 금지합니다.

한쪽이 따내면 다른 쪽은 바로
따내지 못하도록 규정합니다. 요
약하면 패의 규칙은 '동형반복의
금지'라고 기억해두면 좋습니다.

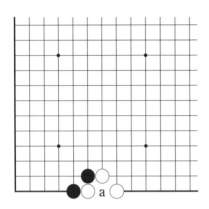

6도(가장자리에서 패의 모양)

이 그림은 가장자리에서 나올 수 있는 가장 기본적인 패의 모양입니다. 물론 백이 먼저 a로 연결하면 패는 사라집니다.

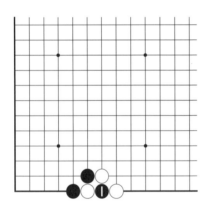

7도(패의 시작)

흑1로 먼저 백 한점을 따내면서 패는 시작됩니다.

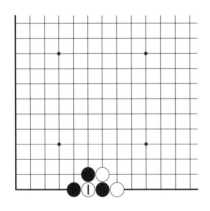

8도(바로 따내는 경우)

그러면 이런 모양이 되지만, 곧바로 백1로 흑 한점을 따내면~

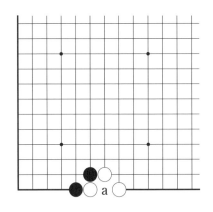

9도(동형반복)

이런 모양이 되는데 6도의 환원입니다. 이처럼 서로 따내고 따내면 동형반복이 되겠지요.

따라서 패의 규칙에 따라 처음에 흑a로 따낼 때 백은 바로 되따내지 못합니다. 참고로 다시 따내는 수를 '되따냄'이라 합니다.

10도(귀퉁이에서 패의 모양)

이 그림은 귀퉁이에서 나올 수 있는 패의 모양입니다.

흑a로 백△ 한점을 따내면서 패는 시작됩니다.

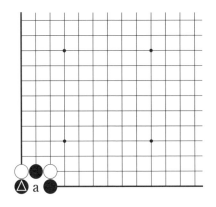

11도(백은 바로 따낼 수 없다)

그러면 이런 모양이 되지만, 이때 백은 바로 흑▲를 a로 되따낼 수 없습니다.

보다시피 10도로 환원되면 패의 규칙에 어긋나기 때문이지요.

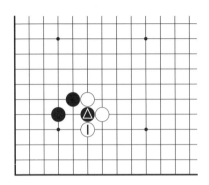

1도(단수친 장면)

지금 이 모양에서 백1로 흑▲의 한점을 단수친 장면입니다.

이때 흑이 처리하는 방법에 따라 패가 발생합니다.

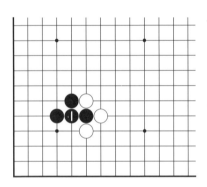

2도(상식)

흑이 한점을 살리자면 1로 연결하는 것이 상식입니다.

그러면 아무런 분쟁이 일어나지 않겠지요.

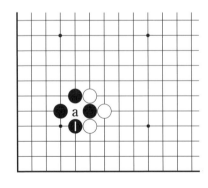

3도(패의 발생)

흑이 1로 부풀리면서 패가 발생하는 모습입니다.

흑은 a로 연결하기보다 이렇게 두는 것이 유리하다 판단하면 패를 만들 수 있습니다.

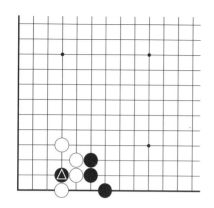

4도(가장자리에서)

변의 가장자리라면 패는 어떤 상황에서 발생할까요?

이 그림은 하나의 예인데, 흑 ▲를 주목하기 바랍니다.

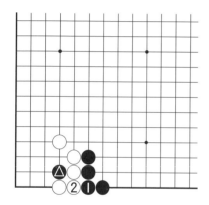

5도(분쟁은 없다)

이 장면에서 단순히 흑1로 두면 백2로 연결하며 아무 일 없이 정리됩니다.

이러면 서로 분쟁은 없지만 흑 ▲는 잡힌 모습입니다.

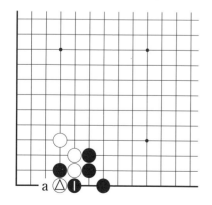

6도(먹여치면 패가 된다)

흑1로 집어넣는 수를 '먹여친다'고 합니다. 가장자리에서는 흑1로 먹여치면 패가 발생합니다.

지금은 백⚪를 단수치면서 패가 된 모습이지요. 만일 흑a로 백 ⚪를 따낼 수 있다면~

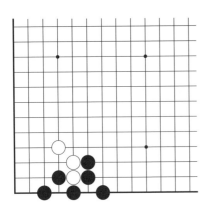

7도(흑이 패를 이긴 경우)

이런 결과가 됩니다. 이런 경우 흑이 '패를 이겼다'고 표현합니다. 보기에도 흑이 크게 한몫 챙긴 모습입니다. 흑이 패를 이겨서 이렇게 된다면 패라는 것이 큰 디딤돌이 되겠지요.

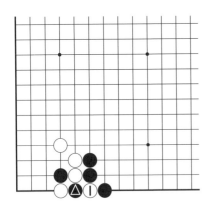

8도(백이 패를 따낼 권리)

흑이 패를 만들 때 일단 백은 흑 ▲의 한점을 따낼 권리가 있습니다. 이런 경우 '패를 따낸다'고도 표현합니다.

백1로 패를 따낸 다음에 다시 ▲의 곳에 연결할 수 있다면~

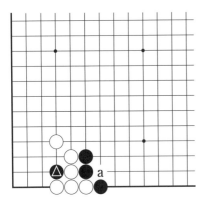

9도(백이 패를 이긴 경우)

이런 결과가 됩니다. 그러면 백이 흑▲를 잡고 a의 약점도 노릴 수 있습니다. 이번에는 백이 아주 좋은 모습입니다.

결론적으로 패를 만들면 서로 모험이면서 기회도 생깁니다. 특히 최후에 많은 성과를 얻는 쪽이 패를 만들려고 노력하겠지요.

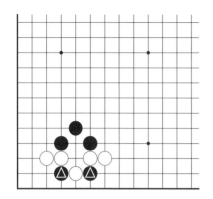

10도(흑이 패를 만들려면?)

이 장면에서 흑이 패를 만들려면 어디에 두어야 할까요?

잡혀있는 흑▲ 두점에 주목하기 바랍니다. 패를 통해 생환의 기회도 생길 수 있습니다.

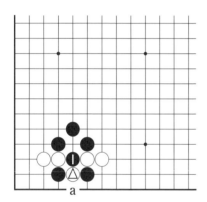

11도(먹여치면 패가 된다)

안쪽 공간에서는 흑1로 집어넣는 수를 '먹여친다'고 합니다. 흑1로 먹여치면 패가 발생합니다.

지금은 백△를 단수치면서 패가 된 모습입니다. 이후 흑a로 백△를 따낼 수 있다면~

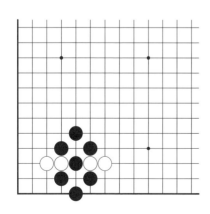

12도(흑이 패를 이긴 경우)

이런 결과가 되지요. 패를 시도해서 이렇게 이긴다면 백은 산산조각이 나며 흑은 엄청난 성공을 거둘 수 있습니다.

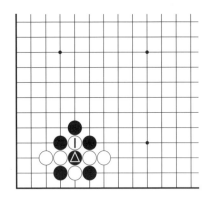

13도(백이 패를 따낼 권리)

흑이 ▲로 패를 만들 때 백은 1로 패를 따낼 권리가 있습니다. 그런 다음에 다시 백이 ▲의 곳에 연결할 수 있다면~

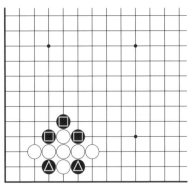

14도(백이 패를 이긴 경우)

이런 결과가 됩니다. 그러면 백이 흑▲ 두점을 확실히 잡고 흑■들도 매우 허약합니다.

　결국 패라는 것은 모험도 동반하지만 서로 이기면 큰 성과를 얻을 수 있습니다.

15도(패를 시도하면 좋은 경우)

애초 흑1과 백2를 교환해서 서로 연결하면 패의 분쟁은 일어나지 않겠지요.

　그러나 흑은 ▲ 두점이 고스란히 잡혔고 1로 연결한 모양이 빈삼각 2개가 합성된 모양이라 상당히 나쁩니다. 그래서 이럴 때 흑이 패를 시도하면 좋겠지요.

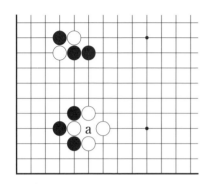

1도(두 곳의 모양에서)

이 그림을 보면 두 곳에 모양이 있습니다. 위는 돌이 서로 얽혀 있는 모습입니다. 아래는 a가 패의 모습이죠. 일단 아래 패가 초점입니다.

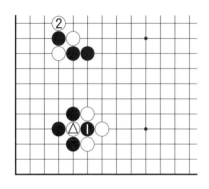

2도(팻감이란?)

흑1로 백△를 따내면 백은 곧바로 흑1을 따낼 수 없습니다. 패의 규칙은 동형반복을 금지하고 있기 때문이지요.

그래서 일단 백은 2로 단수칩니다. 이처럼 손을 빼고 둔 백2를 '팻감'이라고 합니다.

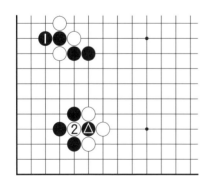

3도(팻감을 사용했기 때문)

이때 흑1로 달아나면 이제는 백2로 흑△를 따낼 수 있습니다.

백이 한번 팻감을 사용했기 때문에 가능하지요.

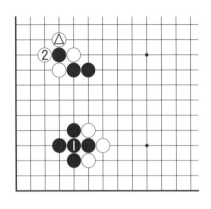

4도(흑이 패를 해소한 경우)

백△로 팻감을 사용할 때 흑1로 이으면 패는 정리됩니다. 보통 '패를 해소했다'고 표현합니다.

흑은 패를 이겨 성공한 모습이고, 백도 2로 흑 한점을 따내 이곳에서 이득을 봅니다. 말하자면 흑은 손익을 따져서 패를 계속할지 해소할지 결정합니다.

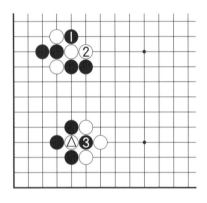

5도(흑이 팻감을 사용하는 경우)

3도에 이어서, 백이 패를 따낸 직후이므로 흑은 바로 패를 따낼 수 없습니다.

흑1로 단수쳐서 팻감을 사용하고 백2로 달아나면 이제 흑은 3으로 백△를 따낼 수 있겠지요.

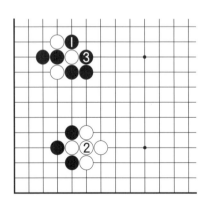

6도(백이 패를 해소한 경우)

흑1로 팻감을 쓸 때 백2로 연결해서 패를 해소하면 흑도 3으로 백 한점을 따낼 수 있습니다.

역시 백도 손익을 따져서 패를 계속할지 해소할지 결정합니다.

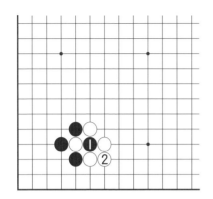

7도(팻감이 없는 경우)

흑1로 패를 따낼 때 백이 달리 마땅한 팻감이 없는 경우도 있겠지요.

그래서 백2로 자체 약점을 지키며 정리할 수도 있습니다.

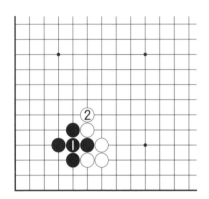

8도(자체적으로 정리한다)

그러면 흑은 1로 연결해 패를 해소하고, 백은 2로 움직여서 그런대로 모양을 정리할 수 있습니다. 패는 흑이 이긴 모습이지요.

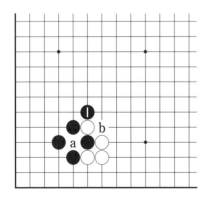

9도(패를 키운다)

때에 따라 흑은 a로 패를 해소하지 않고 1로 단수칠 수도 있습니다. 보통 '패를 키운다'고 표현합니다.

패를 키우면 백은 a로 패를 따내든지 b로 연결해 물러서든지 하겠지만 분쟁은 더욱 커집니다.

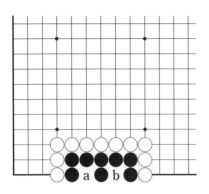

1도(두 눈의 삶)

이 그림은 흑이 두 눈의 삶을 보여줍니다.

a와 b가 각각 완벽한 1집으로 두 눈의 삶이지요.

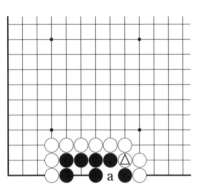

2도(한쪽 집이 패의 모양)

그런데 한쪽 집이 백△로 되어있다면 흑의 운명은 어떻게 될까요?

여기서 a는 패의 모양임을 알 수 있습니다.

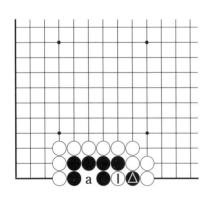

3도(백이 패를 이긴 경우)

가령 백1로 흑△를 따낸다고 합시다. 그런 후에 백이 패를 이기면 a에 두어 흑 전체를 따낼 수 있습니다. 그러면~

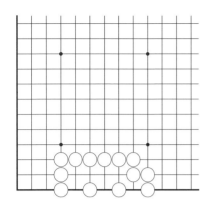

4도(흑의 죽음)

이런 결과가 됩니다. 보다시피 흑은 판에 돌이 하나도 보이지 않을 정도로 처참하게 죽은 모습이지요.

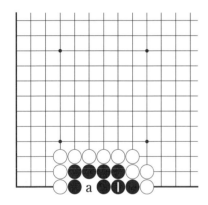

5도(한 눈의 죽음)

이번에는 흑이 패를 이겨 1로 해소했다고 생각해봅시다.

이래도 역시 흑은 a의 한 눈이므로 죽음을 피할 수 없겠지요.

6도(옥집은 가짜 집이다)

결과적으로 이 모양은 a의 패를 누가 이기느냐와 관계없이 흑은 죽음입니다. 누구든지 여기에 손을 대면 손해만 입을 뿐이죠.

이런 경우 집과 연관해서 a는 '옥집'이라 부릅니다. 말하자면 옥집은 언제든 사라질 운명의 가짜 집이죠.

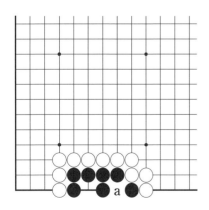

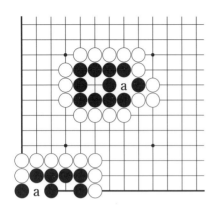

7도(패의 모습을 가장한 옥집)

귀와 중앙에서도 a는 패의 모습
이면서 옥집입니다. 패의 모습을
가장한 옥집이라 표현해도 좋겠
지요.

　옥집은 가짜 집이므로 이 모양
도 각각 한 눈뿐입니다. 이대로
흑의 죽음임을 알 수 있습니다.

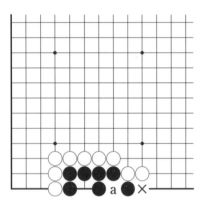

8도(흑의 생사는?)

이 그림에서는 ×로 막히지 않아
a가 패는 아닙니다.

　이 모양이라면 흑의 생사가 어
떻게 될까요?

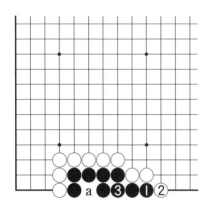

9도(전체가 단수 상태)

흑이 활로를 찾아 1로 나가더라
도 백2로 막으면 단수가 됩니다.

　흑은 3에 연결해봤자 a의 1집
이 활로 하나뿐이 되어 전체가
단수 상태이며 잡힌 모습입니다.

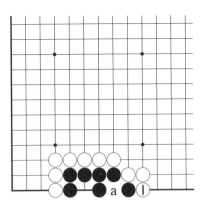

10도(언제든 흑의 죽음)

백의 경우 언제든 1로 막으면 흑
은 이대로 죽음입니다.

　a는 옥집이므로 흑은 한 눈뿐
이기 때문이죠. 백1은 굳이 서두
를 필요도 없겠지요.

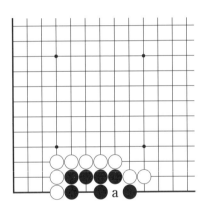

11도(막히지 않아도 옥집)

결국 바깥이 막히지 않은 이 모
양에서도 a는 옥집에 해당합니
다. 그렇다면 이 상태로 흑은 한
눈뿐이므로 죽음이지요.

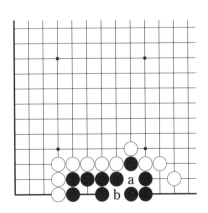

12도(패가 옥집인지 아닌지 결정)

이 그림에서는 a가 패의 모양입
니다. 그리고 a의 패가 b를 옥집
인지 아닌지 결정합니다.

　그렇다면 이 패의 결과가 흑의
삶과 죽음을 좌우합니다.

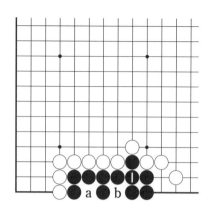

13도(패를 이기면 두 눈의 삶)

흑이 패를 이겨 1로 연결하면 두 눈의 삶입니다. a와 b가 두 눈의 모습이지요.

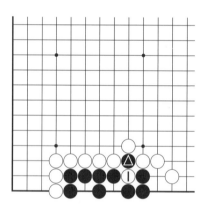

14도(흑이 패를 지는 경우)

만일 백이 1로 패를 따낸다고 생각해봅시다.

그런 후에 백이 패를 이겨서 ▲의 곳에 연결한다면~

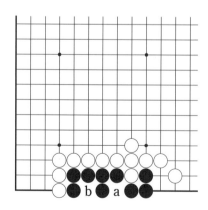

15도(옥집이 되어 죽음)

이런 결과가 되겠지요. 그러면 a는 옥집이 되며, 흑은 b의 한 눈만 있어 죽은 모습입니다.

다시 말해 흑이 패를 지면 이대로 전체가 죽습니다.

테마① 돌 하나에는 상하좌우 방향으로 4개의 활로가 있다. 활로는 돌의 직선 방향이며 놓인 돌에서 가장 가까운 교차점이다. 돌의 활로가 하나만 남은 상태를 단수라고 한다.

변의 가장자리에서는 두 군데, 귀퉁이에서는 한 군데의 활로만 막아도 단수가 된다. 바둑판의 1선은 활로를 차단하는 역할을 한다. 활로를 모두 둘러싸서 잡은 경우 따냄이라고 한다.

테마② 돌이 연결되면 활로가 늘어난다. 연결된 두점이면 6개의 활로가 생긴다. 그러면 한점에 비해 2개의 활로가 늘어난다. 단수된 돌을 달아나려면 마지막 남은 활로로 나가면 된다. 그러면 활로가 3개로 늘어나서 잡기가 어렵다.

가장자리와 귀퉁이에서는 1선에 막혀 달아나기가 어렵다. 바둑판 안쪽의 공간에서도 활로가 1선이라면 달아나기 어렵다. 단수 상태에 따라 잡을 수 있기도 하고, 달아나는 데 문제없기도 하다.

한점 따냄을 보통 빵따냄이라 부른다. 빵따냄은 중앙 쪽으로 향할수록 더욱 위세가 커지는데, 따냄에 불필요한 돌이 있으면 가치가 상실된다.

테마③ 활로가 모두 막히는 자리는 둘 수 없다. 이를 착수금지라 한다. 착수금지 자리라도 두면서 상대방을 따낼 수 있는 경우에는 착수금지도 적용되지 않는다. 따라서 착수금지는 주변 상황에 달려있다.

1집 모양은 상대가 둘러싸면 죽음이다. 2집 모양도 결국 1집이 되어 죽음이다. 1집씩 2개인 경우는 착수금지에 따라 사는 데 문제없다. 이를 두 눈의 삶이라 한다. 좁은 공간의 눈 하나는 죽음이다. 좁은 공간에서는 눈 2개가 삶의 조건이다.

테마❹ 서로 반복해서 따내는 형태를 패라고 한다. 패의 규칙은 동형반복을 금지한다. 패의 규칙에 따라 한쪽이 먼저 따내면 다른 쪽은 바로 되따내지 못한다.

그냥 연결에 비해 유리하다 판단하면 패를 만들 수 있다. 먹여치면서 패가 발생하기도 한다. 패를 이겨서 최후에 많은 성과를 얻는 쪽이 패를 만들려고 노력한다.

패가 생겨서 한쪽이 먼저 따낼 때 다른 쪽이 손을 빼서 두는 수를 팻감이라 한다. 팻감을 쓰면 상대는 손익을 따져서 패를 계속할지 해소할지 결정한다. 팻감이 없는 경우 자체 약점을 지키며 정리할 수도 있다. 때에 따라 패를 해소하지 않고 키울 수도 있다.

옥집은 가짜 집이다. 패의 모습을 가장한 옥집도 있다. 두 눈 중에 한쪽이 옥집이면 죽음이다. 그 옥집을 패가 결정한다면 이런 패는 생사를 좌우하므로 상당히 중요하다.

① 활로: a~d의 4개

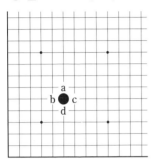

② 단수

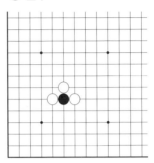

③ 따냄: 백1

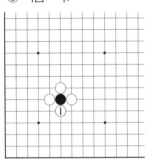

④ 빈삼각

⑤ 달아나기: 흑1로 연결

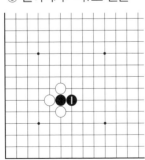

⑥ 빵따냄: a의 한점 따냄

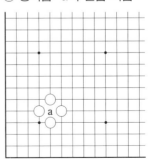

⑦ 착수금지: 흑a는 금지

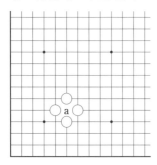

⑧ 착수금지의 예외: 따냄

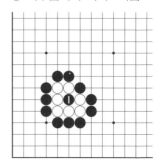

⑨ 눈: a와 b

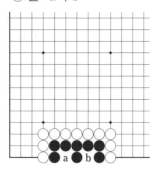

⑩ 두 눈의 삶

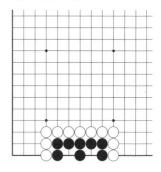

⑪ 패

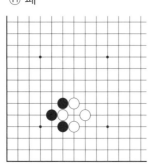

⑫ 옥집: a의 곳

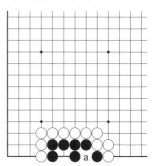

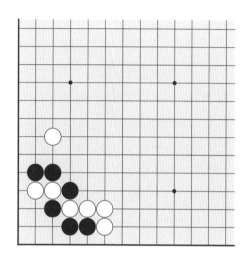

▦ 문제 1

단수란 활로가 하나 남은 상
태입니다. 이 그림에서 흑이
단수할 곳을 찾아보세요.

단수가 두 군데라면 뒤탈
이 없는 확실한 쪽을 선택
해야겠지요.

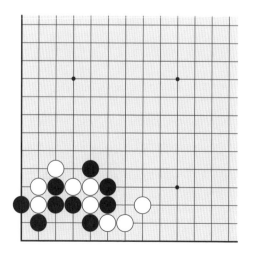

▦ 문제 2

돌의 활로를 전부 막으면
따낼 수 있습니다.

이 그림에서 흑이 어디든
따낼 곳을 찾아보세요.

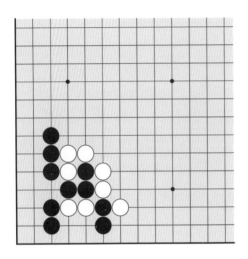

▦ 문제 3

돌의 활로를 늘이면 달아날
수 있습니다.

이 그림에서 흑이 위험한
돌을 찾아 달아나보세요.

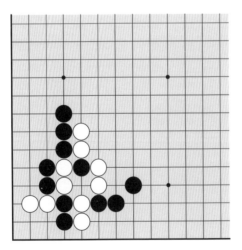

▦ 문제 4

바둑에는 착수금지와 착수
금지 예외 조항이 있습니다.

이 그림에서 흑이 착수금
지를 피해서 어딘가 백을 잡
아보세요.

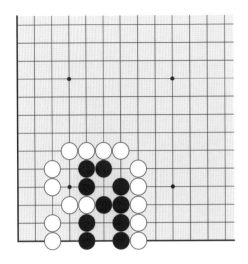

▦ 문제 5

좁은 공간에서는 두 눈이 있어야 삽니다.

　이 그림에서 흑이 두 눈의 삶을 완성시켜 보세요.

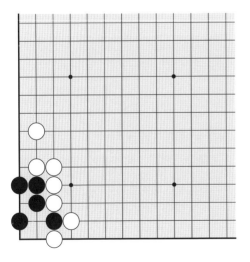

▦ 문제 6

흑이 두 눈을 마련하지 못해 위험한 모습입니다.

　흑의 최후의 수단인 패를 만들어보세요.

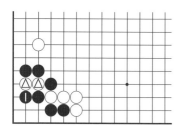

⊞ 문제 1 (정답)

흑1로 백△ 두점을 단수치는 것이 올바른 방법입니다. 그러면 백 두점을 확실하게 잡을 수 있습니다.

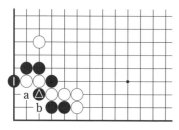

⊞ 문제 1 (오답)

흑1쪽도 단수이기는 한데 방향이 좋지 않습니다. 다음 백이 a로 나가 흑❷를 단수치든가 b쪽에서 단수치면 분란이 일어납니다.

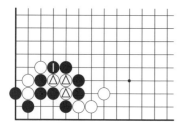

⊞ 문제 2 (정답)

흑1로 두면 백△ 석점의 활로가 모두 막힙니다. 그러면 흑은 백 석점을 따낼 수 있습니다.

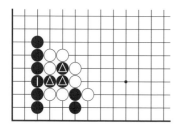

⊞ 문제 3 (정답)

흑❷ 석점이 단수 상태가 되어 위험합니다. 따라서 흑1로 두면 석점이 달아날 수 있습니다.

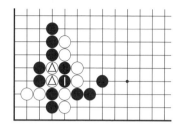

▦ 문제 4 (정답)

흑1은 본래 착수금지 자리이지만 백
⚪ 두점을 따낼 경우에는 예외입니다.
즉 흑1로 두면 백 두점을 잡을 수 있
습니다.

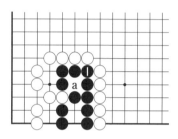

▦ 문제 5 (정답)

지금 흑은 아래 2집의 한 눈만으로는
삶이 아닙니다.

흑1로 두면 a쪽에 다른 한 눈이 생
성되어 두 눈의 삶이 됩니다.

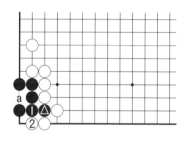

▦ 문제 6 (오답)

지금 흑❹가 단수 상태입니다. 흑1로
연결하면 백2로 들어가 결국 a의 한
눈만 남으므로 흑의 죽음입니다.

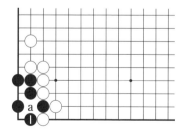

▦ 문제 6 (정답)

흑1로 패를 만드는 것이 현명합니다.
그러면 당장은 백이 a로 패를 따내겠
지만, 만일 흑이 패를 이겨 a에 연결
한다면 두 눈의 삶이 됩니다.

<u>3부</u>

돌의
강약과 효율

바둑은 영토를 다투면서 싸움이 벌어지기 마련입니다. 이때 돌의 힘이 강해야 유리한 싸움을 펼칠 수 있습니다. 여기서는 강한 돌의 원동력이 되는 '이음'에 대해 알아봅니다.

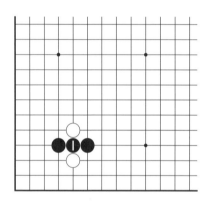

1도(연결하는 착수)

흑과 백이 서로 대치한 상태에서 흑1로 두면 흑 석점 모두가 연결된 모습입니다.

이런 연결하는 수를 '이음'이라 부릅니다.

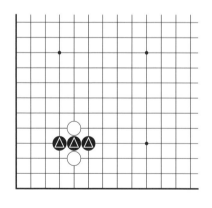

2도(관통하며 힘이 붙었다)

이어진 흑▲ 석점은 돌의 힘이 아주 강합니다.

상대 백돌을 관통하며 이어졌기 때문에 힘이 붙은 모습이지요.

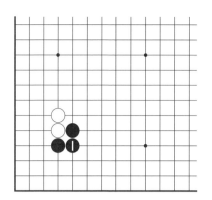

3도(꼬부린 모양의 이음)

이 모양에서도 흑1은 이음입니다. 흑 석점은 꼬부린 모양이지만 선을 따라 확실히 연결된 모습입니다.

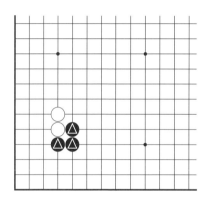

4도(힘의 우위에 선다)

이어진 흑● 석점은 돌의 힘이 강해집니다.

상대 돌과 대결에서도 힘의 우위에 설 수 있습니다.

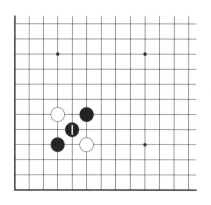

5도(대각 방향)

이 그림에서 흑1로 두면 흑 석점이 대각 방향으로 나열되는 모습입니다. 이 경우는 활로가 각자 분리되어 어딘가 허술해 보이기도 하지요.

그렇다면 흑 석점은 이어진 모습이 아닐까요?

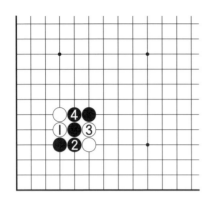

6도(전체가 연결된 모습)

그러나 이 그림을 보면 흑이 얼마나 튼튼한지 알 수 있습니다.

　백1이면 흑2에 잇고, 백3이면 흑4에 잇습니다. 그러면 흑은 전체가 선을 따라 완벽히 연결된 모습이죠.

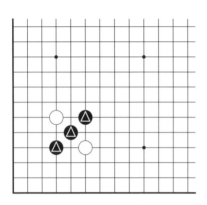

7도(역시 상대를 관통한 모습)

따라서 흑▲ 석점은 전체가 이어진 모습과 다름없으며, 돌의 힘도 아주 강합니다.

　역시 상대 백돌을 관통하며 이어졌기 때문에 더욱 힘이 붙은 모습이지요.

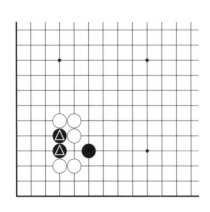

8도(강해지는 방법은?)

흑▲ 두점이 백돌에 둘러싸여 약한 모습입니다.

　어떻게 두면 강해지는지 생각해보세요.

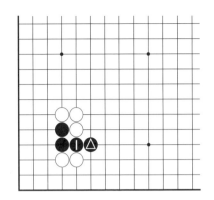

9도(머리를 내미는 모양)

흑1로 이으면 △가 바깥으로 머리를 내미는 모양이 되어 흑이 강해집니다.

양쪽 백을 관통한 모습이라 흑은 더욱 힘이 붙습니다.

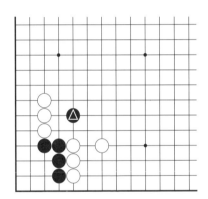

10도(중앙 흑이 강해지려면?)

이 그림에서 흑△가 중앙에 외롭게 존재합니다. 흑이 강해지는 방법을 생각해보세요.

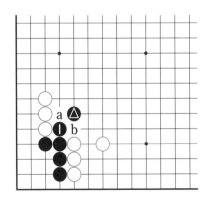

11도(귀와 손을 잡는다)

흑1로 이어서 귀와 손을 잡으면 흑은 강해집니다.

흑1과 △는 대각이지만 언제든 a나 b, 둘 중 하나를 둘 수 있으니 확실한 연결 상태입니다.

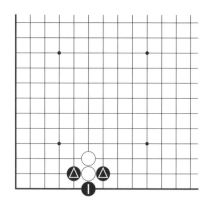

12도(넘으면서 이으면 강해진다)

변의 가장자리에서는 흑1로 ⓐ 두점을 이을 수 있습니다.

이런 경우 '넘는다' 또는 '건넌다'고도 표현하지요. 이러면 흑 석점이 확실한 연결 상태이며 흑은 강해집니다.

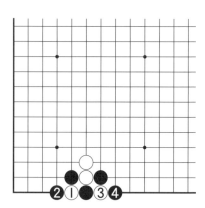

13도(연결을 확인하는 과정)

이 그림은 흑의 연결 상태를 확인하는 과정입니다. 백1이면 흑2로 따내고, 백3이면 흑4로 따냅니다. 따라서 백은 1과 3에 둘 수 없으니 흑은 대각 모양이지만 확실한 이음이죠.

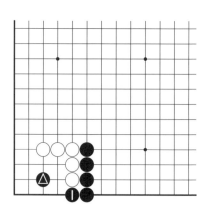

14도(변과 이어져 산다)

귀에서 흑ⓐ가 백돌에 둘러싸여 갇혀있지만 흑1이면 변과 이어져 살 수 있습니다.

선이나 대각선 이음만 보았다면 의아할지도 모르지만~

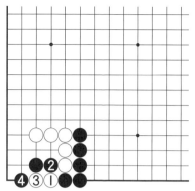

15도(차단할 수 없다)

이 그림은 연결을 확인하는 과정입니다. 백1로 차단하려 해도 흑2로 단수치면 오히려 백이 잡힙니다. 백3으로 나가려 해도 흑4로 백 두점을 따내면 그만이죠. 실은 가만히 놔둬도 백 두점은 잡힌 모습입니다.

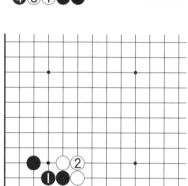

16도(자기 돌을 잇는 행동)

흑1과 백2도 자기 돌을 잇는 행동입니다. 그러면 흑과 백은 각각 강해집니다.

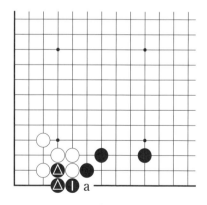

17도(변과 이어진다)

이 그림에서 흑1이면 변의 흑과 이어져서 ▲ 두점을 살릴 수 있습니다. 백a로 두면 단수가 되어 스스로 손해를 자처하니 백이 둘 수 없는 곳입니다.

돌의 힘이 강해지려면 이어야 합니다. 만일 이을 곳에서 잇지 않으면 어떻게 될까요. 이와 관련해서 여기서는 약한 돌의 원인이 되는 '끊음'에 대해 알아봅니다.

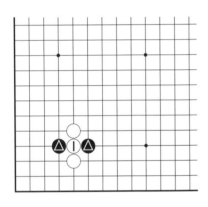

1도(양쪽으로 분리)

백1로 흑▲ 두점의 연결통로를 차단하는 수를 '끊음'이라 부릅니다. 이렇게 끊으면 흑은 양쪽으로 분리되어 돌의 힘이 약해집니다. 구체적으로 표현하면 백은 이으면서 흑을 끊은 모습이지요.

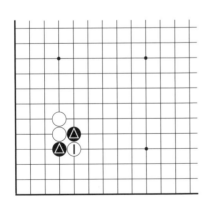

2도(힘을 발휘하기 어렵다)

이 모양에서도 백1로 끊으면 흑▲ 두점이 분리되어 힘이 약해집니다. 이렇게 끊어지면 흑은 다음 전투에서 힘을 발휘하기 어렵습니다.

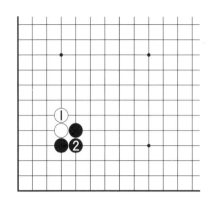

3도(바둑을 두는 요령)

그래서 백1로 연결하면 흑도 2로 잇는 것이 좋습니다.

이렇게 서로 모양을 강하게 정비하는 것이 바둑을 두는 요령이지요.

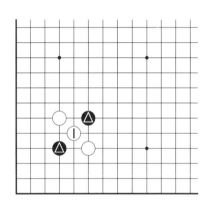

4도(대각으로 끊은 모양)

이 그림은 백이 1로 대각으로 이으면서 흑▲ 두점을 끊은 모습입니다. 그러면 역시 흑은 힘이 약해져 다음 전투가 어렵습니다.

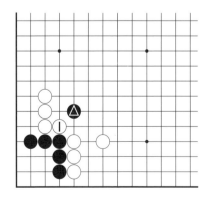

5도(귀와 차단)

이 그림의 백1도 중앙의 흑▲를 끊은 장면입니다. 그러면 귀의 흑과 차단이 되지요.

백1은 형태상 '막음'이라는 표현도 사용합니다. 즉 백1로 막으면 흑▲는 끊어져 힘을 잃고 방황하는 처지에 놓입니다.

돌의 힘은 어떻게 약해지는가 115

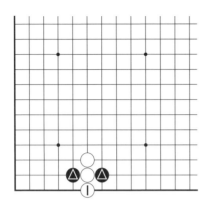

6도(이어가는 곳이 끊음)

백1이면 흑▲ 두점을 끊을 수 있습니다. 흑이 잇는 바로 그 자리죠. 보통 상대가 이어가는 곳이 끊음일 경우가 많습니다.

이 경우는 형태상 '내려선다'는 표현도 가능합니다. 즉 백1로 내려서면 흑▲ 두점이 끊어져 힘이 약해집니다.

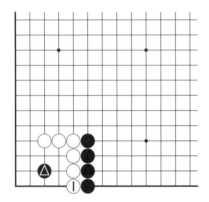

7도(변과 차단)

이 그림에서 흑이 이었던 자리인 백1로 막으면 흑▲가 변의 흑과 차단됩니다. 그러면 흑▲는 고립되어 죽을 운명이지요.

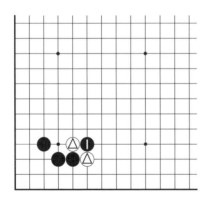

8도(끊으면 힘이 약해진다)

이 그림은 흑1이 백△ 두점을 끊는 자리입니다.

그러면 백은 분산되어 힘이 약해질 수밖에 없습니다.

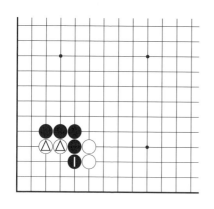

9도(관통)

흑1이면 양쪽의 백이 끊어집니다. 특히 백△ 두점은 귀에 갇혀 위험합니다. 변의 백 두점도 힘이 매우 약한 모습이지요.

흑1은 백의 모양을 관통하는 모습입니다. 즉 흑1로 관통하면 백은 분열되어 싸우기가 어렵지요.

10도(위급)

이 장면에서 흑1로 끊으면 당장 백△ 두점이 위급합니다.

다음 흑a로 단수치면 백 두점이 잡힙니다.

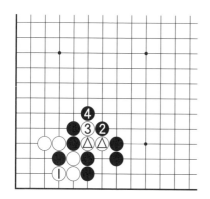

11도(끊으면 이득을 얻는다)

그래서 백은 1로 흑 한점을 단수쳐서 잡아야 하겠지요. 그러면 흑은 2로 백△ 두점을 잡을 수 있습니다. 백3으로 나가도 흑4로 단수치면 그만입니다.

상대 돌을 끊으면 이런 이득을 얻을 수 있습니다.

상대 모양의 단점을 끊으면 돌이 분산되어 힘이 약해집니다. 그런 다음 상대를 공격하는 것이 바둑에서 효과적인 전투 방법이겠지요.

　그런데 단점처럼 보이더라도 끊을 수 없는 곳이 있습니다. 여기서는 끊고 싶어도 끊을 수 없는 자리에 대해 알아봅니다.

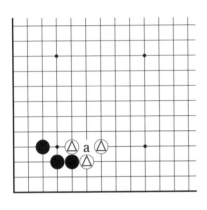

1도(호구)

이 그림에서 백△ 석점으로 이루어진 모양을 '호구'라고 부릅니다. 호랑이의 입이라는 뜻인데 a의 곳이 호구에 해당합니다.

　여기서 흑은 직접 a에 들어가 끊을 수 없습니다.

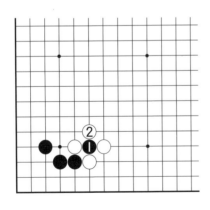

2도(빵따냄)

만일 흑1로 들어가 끊으면 백2로 따내겠지요. 그러면 흑은 빵따냄을 허용해 손해만 입을 뿐입니다.

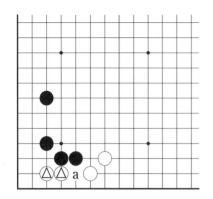

3도(차단할 수 없다)

이 그림에서 백은 a의 틈이 있지만, 흑은 백△ 두점을 변의 백과 차단할 수 없습니다.

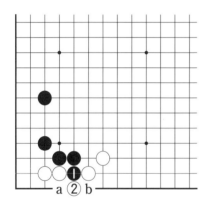

4도(가장자리에서의 호구)

흑1로 끊으려 해도 백2로 막으면 양쪽 백이 연결하는 모양입니다.

이제는 흑이 a와 b에 두면 오히려 잡힘을 이해하겠지요. a와 b는 가장자리에서의 호구라 생각해도 좋습니다.

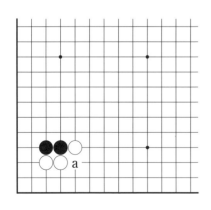

5도(끊을 수 있을까?)

이 그림에서 흑은 a에 끊을 수 있는지 생각해봅시다.

만일 끊은 돌이 오히려 잡힌다면 끊을 이유가 없겠지요.

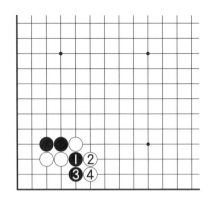

6도(가장자리로 몰아간다)

변의 3선에서 흑1로 끊는다면 백은 2, 4로 단수치고 막습니다.

모양을 보면 백이 흑 두점을 가장자리 방향으로 몰아가고 있음을 알 수 있습니다.

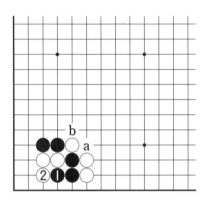

7도(흑 석점이 잡힌다)

계속해서 흑1로 활로를 넓혀도 백2로 막으면 흑은 더 이상 안에서는 움직이기 어렵습니다.

바깥에서 흑a나 b로 단수쳐도 백이 연결하면 그만이죠. 결국 아래 흑 석점이 잡힌 모습입니다.

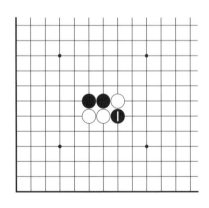

8도(중앙에서는 끊을 수 있다)

이 그림처럼 중앙이라면 흑1로 끊을 수 있습니다.

중앙은 공간이 넓어 끊은 돌이 쉽게 잡히지 않기 때문이죠. 물론 끊어서 결과가 좋은지는 그 다음 문제입니다.

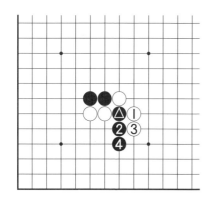

9도(활로가 늘어난다)

흑▲로 끊을 때 백1, 3으로 변쪽에 몰아가도 흑은 4까지 활로가 늘어납니다.

이래서는 백이 흑 석점을 잡기 어렵습니다. 흑의 끊음이 가능한 이유겠지요.

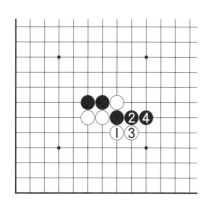

10도(중앙에서는 끊어 싸울 수 있다)

이번에는 백이 1, 3으로 흑을 오른쪽으로 몰아가봅니다. 역시 흑은 4까지 활로가 점점 늘어나서 백의 포위망을 벗어나는 모습이지요. 중앙에서는 서로 끊어 싸울 수 있음을 알 수 있습니다.

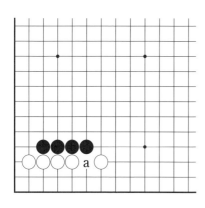

11도(끊을 수 있을까?)

이 그림에서 백은 a가 약점으로 보입니다.

과연 흑이 a로 들어가서 끊을 수 있을까요?

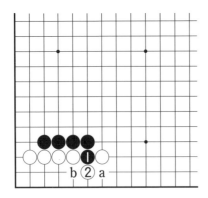

12도(2개의 끊는 자리)

흑1로 들어가면 백은 2로 막겠지요. 그러면 흑은 a와 b의 두 군데가 실제 끊는 자리입니다.

13도(흑 두점이 잡힌다)

먼저 흑1로 오른쪽을 끊어봅니다. 백은 2, 4로 계속 단수쳐서 흑 두점을 잡을 수 있습니다.

바둑용어로는 계속 단수치는 수를 '연단수'라고 부릅니다.

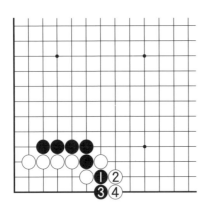

14도(안에 갇혀서 죽는다)

이번에는 흑1로 왼쪽을 끊어 보겠습니다. 백은 2로 잇는 것이 요령입니다. 그러면 흑1의 한점이 잡혔습니다. 흑3으로 나가봐도 백4로 막으면 흑 두점이 잡힌 모습입니다. 실은 백4를 두지 않아도 흑은 안에 갇혀서 죽을 운명이지요. 따라서 11도 흑은 백의 약점을 끊을 수 없습니다.

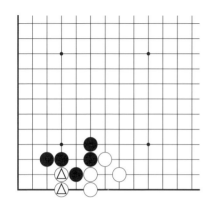

15도(차단이 가능할까?)

이 그림에서 흑이 백△ 두점을 변의 백과 차단할 수 있을까요?

만일 차단이 가능하면 귀의 백 두점은 죽을 운명입니다.

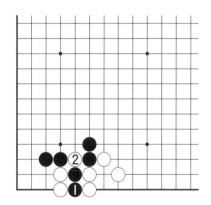

16도(끊을 수 없다)

형태상 흑이 끊으려면 1로 들어가야 합니다. 그러면 백은 2로 흑 두점을 따낼 수 있습니다.

결국 흑은 1로 끊을 수 없는 모양이지요.

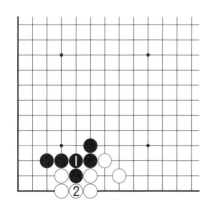

17도(자연스런 결말)

이 모양은 흑1로 두고 백2로 잇는 것이 자연스럽지요.

결국 이렇게 될 곳이므로 15도 상태에서 귀의 백은 변에 연결된 것과 다름없습니다.

바둑은 집이 많아야 이기는 게임입니다. 돌은 연결해야 힘이 생기며 일정한 영토를 차지할 수 있습니다.

그러면 어떻게 연결해야 집을 만드는 데도 좋을까요. 여기서는 '집'이라는 관점에서 효율적인 연결 방법에 대해 알아봅니다.

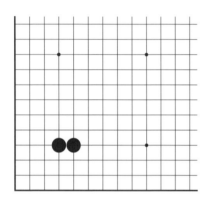

1도(효율성이 가장 떨어진다)

흑 두점이 찰떡처럼 붙어 있습니다. 백은 연결이 완벽한 흑 두점을 끊을 수가 없습니다.

사실 바둑은 집이 많아야 이기는 게임인데, 이런 식의 연결은 효율성이 가장 떨어집니다.

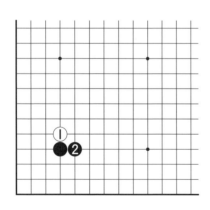

2도(싸움이 일어나는 경우)

상대가 백1로 부딪쳐 싸움을 유도하는 상황이라면 어떨까요. 형태상 백1은 '붙임'이라고 합니다.

백1로 붙이면 이제는 흑2로 연결해도 좋습니다.

이때는 자신의 돌이 강해져야 싸움에 유리하기 때문이지요.

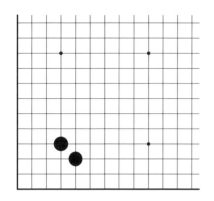

3도(간격이 좁다)

이 그림은 흑 두점이 대각으로 연결된 모습입니다.

역시 간격이 좁은 만큼 집을 만드는 데는 효율이 떨어집니다.

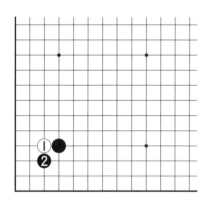

4도(대각으로 두는 경우)

상대가 백1로 붙여 싸움을 유도하는 상황이라면 얘기가 달라집니다. 이제는 흑2로 상대를 압박하는 것이 좋은 수법입니다. 이런 싸움일 때는 대각으로 두는 것이 유리합니다. 형태상 흑2는 바둑 용어로 '젖힘'이라 합니다.

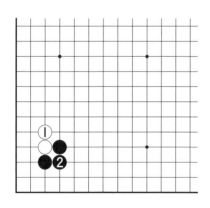

5도(서로 돌을 강하게 만든다)

조금 더 진행하면, 백은 1로 연결하고 흑은 2로 이어서, 서로 돌을 강하게 만들어가는 것이 바둑을 두는 요령입니다.

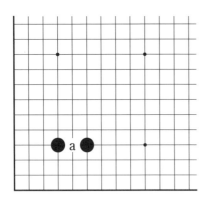

6도(한칸으로 연결)

이 그림처럼 두 돌이 나열된 모양을 '한칸'이라 부릅니다. 선 하나의 간격이기에 붙은 이름이지요. 흑 두점을 한칸으로 연결한 모습입니다. a에 틈이 보이지만 연결에는 문제가 없습니다.

그렇다면 집을 만드는 데는 이 모양이 좀 더 효율적이지요.

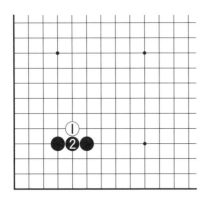

7도(쳐들어오면 잇는다)

만일 백1로 쳐들어오면 흑2로 이어서 두면 됩니다. 이제 흑은 더욱 강해진 모습입니다.

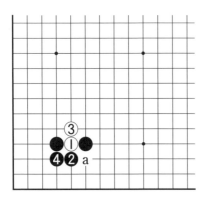

8도(억지로 끊을 때)

백1로 틈새에 들어와서 억지로 끊으려 할 때가 문제입니다. 형태상 백1은 '끼움'이라 부릅니다.

백1로 끼우면 흑2, 4로 단수치고 한쪽을 이어둡니다. a의 약점이 존재하지만 여기는 백이 끊을 수 없는 곳이지요.

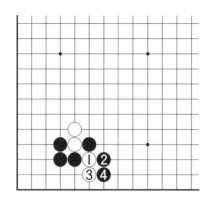

9도(백 두점이 잡힌다)

만일 백1로 끊으면 흑2, 4로 단수쳐서 가장자리로 몰면 되죠.

그러면 백 두점은 활로가 막혀 잡힌 모습입니다.

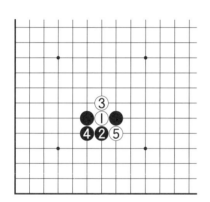

10도(중앙에서의 한칸)

중앙에서 한칸이라면 약간 상황이 달라집니다.

백이 억지로 끊고자 하면 1로 끼운 후 변에서와 마찬가지로 5까지 둘 수 있습니다.

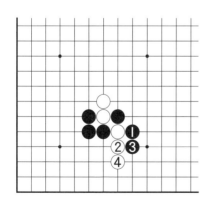

11도(활로가 늘어난다)

이번에는 흑1, 3으로 단수쳐서 몰아도 백4까지 연결하면 활로가 늘어납니다.

다만 이렇게 백이 끊어서 좋은지는 주위 상황에 달려있겠지요.

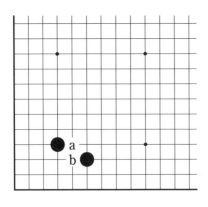

12도(날일자로 연결)

이 그림처럼 두 돌이 나열된 모양을 '날일자'라고 부릅니다. 두 돌을 선으로 연결하면 한자의 날일(日)을 연상하기에 붙은 이름이지요. 날일자는 a와 b, 두 군데에 틈이 있지만 당장 연결에는 문제없습니다. 이 모양도 집을 만드는 데는 효율적입니다.

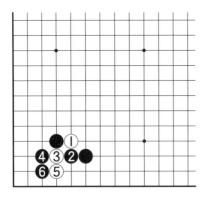

13도(끊을 수 없다)

백1, 3으로 억지로 끊을 수야 있겠지만 흑4, 6으로 단수쳐서 가장자리로 몰면 백은 활로가 막혀 잡힙니다.

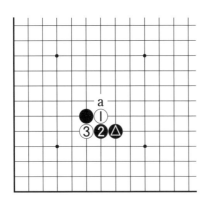

14도(중앙에서의 날일자)

중앙이라면 백1, 3으로 끊을 수야 있습니다. 다만 이렇게 백이 끊어서 좋은지는 주위 상황에 달려있겠지요.

나중에 배우겠지만 여차하면 흑은 a로 단수쳐서 ▲의 도움으로 백1을 잡는 수도 있습니다.

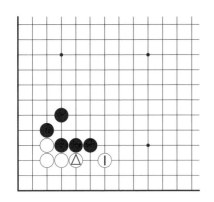

15도(한칸으로 진출)

이 장면에서 백1은 △에서 한칸
의 위치입니다.

이러면 백은 효율적으로 연결
하며 하변에 진출할 수 있습니다.

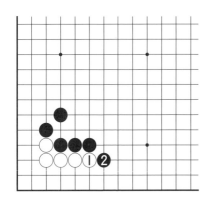

16도(백이 막히는 모습)

백1로 붙여 연결하는 것은 흑2로
젖힙니다. 그러면 백은 변의 진출
이 막혀 좋지 않습니다.

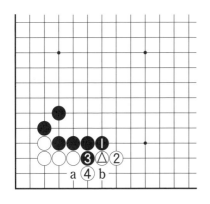

17도(보기좋게 변에 진출)

백△로 한칸 연결하면 흑1로 추
궁해와도 백2로 보기좋게 변에
진출할 수 있습니다.

흑3으로 끊으려 해도 백4로 막
으면 연결이 가능합니다. a와 b
는 앞에서 배운대로 흑이 끊을
수 없는 곳이죠.

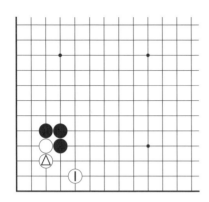

18도(날일자로 진출)

이 장면에서 백1은 ▲에서 날일 자의 위치입니다.

이러면 백은 효율적으로 연결 하며 하변에 진출할 수 있습니다.

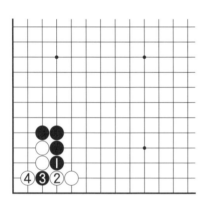

19도(흑 한점이 잡힌다)

만일 흑이 1, 3으로 억지로 끊으려 하면 백4로 단수쳐서 흑3의 한점이 잡히는 모습입니다.

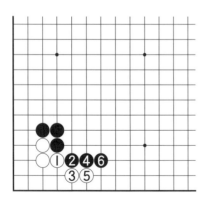

20도(패망선을 긴다)

백1로 붙여 연결하는 것은 흑2로 눌립니다. 백이 변에 진출하더라도 3, 5로 2선을 계속 기는 것이 므로 좋지 않습니다.

참고로 '2선은 패망선'이라는 격언이 있다고 했지요.

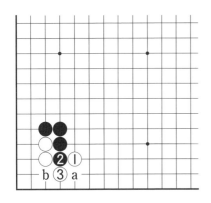

21도(한칸의 경우)

같은 장면에서 백1의 한칸도 생각해봅시다. 흑2에 들어가서 백3에 막을 때 이번에는 흑이 a와 b를 끊을 수 있습니다.

이때 어디를 끊느냐에 따라 결과도 달라집니다.

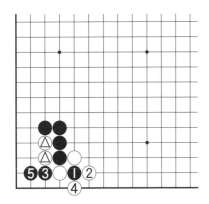

22도(오른쪽 끊음)

흑1로 오른쪽을 끊어봅니다. 다음 백2로 단수칠 때 흑3, 5로 둡니다. 그러면 흑은 백4의 따냄은 허용하지만 백△ 두점을 잡고 큰 성과를 거둡니다.

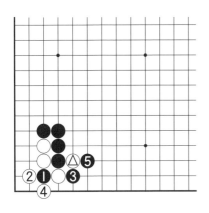

23도(왼쪽 끊음)

이번에는 흑1로 왼쪽을 끊어 보겠습니다. 백2로 단수칠 때 흑도 3, 5로 백△를 단수칩니다. 백은 흑1의 한점을 따냈을 뿐 변의 진출이 막히고 △도 위험해 손해가 큽니다. 따라서 효과적인 연결이라도 상황에 맞춰 한칸과 날일자를 선택해야 합니다.

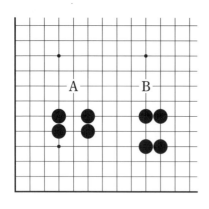

24도(쌍립으로 연결)

A와 B를 보면 흑 두점이 한칸 간격이며 나란히 쌍으로 되어있습니다. 이런 모양을 '쌍립'이라 부릅니다. 쌍립은 효율적인 연결에 유용한 수법입니다.

'수법'이란 수를 도모하는 방법을 말하는데, 바둑에서 많이 사용하는 용어입니다.

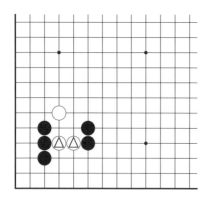

25도(효율적인 연결 수법은?)

이 장면에서 백△ 두점을 방치하면 위험합니다.

당장 바깥으로 연결하며 활로를 개척해야 하는데, 가장 효율적인 수법을 생각해보세요.

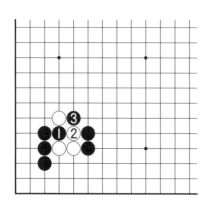

26도(방치하는 경우)

여기를 백이 방치하면 당장 흑1, 3으로 들어가서 끊습니다.

그러면 아래 백 석점은 탈출할 길이 없습니다. 변은 가장자리가 막혀있기 때문이지요.

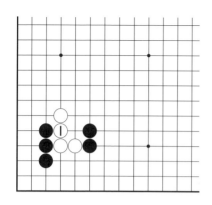

27도(궁색한 모양)

백1이면 튼튼한 연결이지만 일렬로 나열되어 효율이 떨어집니다.

아래 백 석점만 보면 빈삼각이 되어 궁색한 모습이지요.

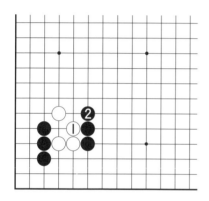

28도(허약한 모양)

백1도 대각으로 연결하는 모양이지만 아래가 빈삼각이라 역시 효율이 떨어집니다. 흑2로 두면 백의 모양이 허술하지요. 흑2와 같은 수를 '올라선다'고 부릅니다. 즉 흑2로 올라서면 흑은 힘이 생기며 백의 허약함이 드러납니다.

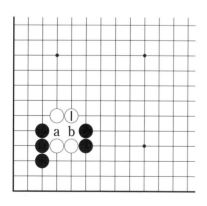

29도(쌍립 연결)

이럴 때는 백1 쪽으로 붙여 두는 것이 효율적인 연결입니다. 방금 배웠던 쌍립 모양이지요. 이러면 활로가 넓어져서 백이 앞으로 활동하기 편합니다.

한칸 틈새가 a와 b, 두 군데이지만 끊길 염려가 없습니다. 둘 중의 하나만 백이 두더라도 전체가 연결되기 때문이죠.

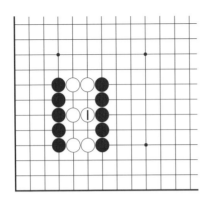

30도(쌍립으로 탈출)

이 장면에서도 백1이면 백 전체가 쌍립으로 탈출할 수 있습니다.

쌍립 연결의 효과는 이 모양에서 극대화되지요.

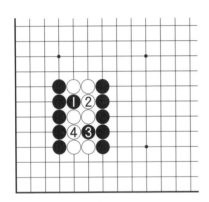

31도(쌍립은 끊을 수 없다)

쌍립을 끊으려는 것은 어리석은 행동입니다.

만일 흑1이면 백2로 잇고 흑3이면 백4로 이어서 백 전체가 연결된 모습입니다.

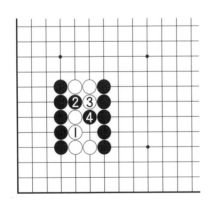

32도(튼튼하지만 끊어진다)

그런데 백이 튼튼하게 잇는다고 해서 1로 두었다고 가정해봅시다. 이번에는 흑2, 4로 끊을 수 있겠지요. 따라서 쌍립을 꼭 기억해두기 바랍니다.

바둑은 집이 많아야 이기는 게임입니다. 처음에는 효율적인 집을 짓느라 한칸이나 날일자를 활용하며 서로 싸우다보면 다양한 모양의 집이 생기겠지만, 집의 완성 단계에서는 둘러싼 외벽에 약점이 없어야 합니다. 그렇다면 완성된 집은 어떤 모습인지 알아봅니다.

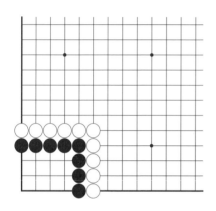

1도(12집 완성)

이 그림에서 귀의 흑은 완성된 집입니다. 그리고 집을 계산하면 12집(4×3)입니다.

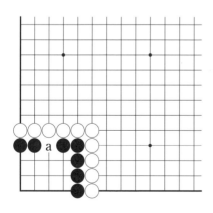

2도(흑집에 약점이 있다)

이 그림의 흑은 a에 약점이 있어 완성된 집이 아닙니다. 이대로 놔두면 흑은 크게 다치겠지요.

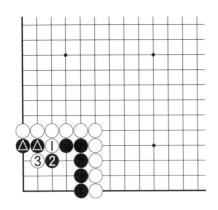

3도(흑집 파괴)

백1로 들어가서 흑2로 막을 때 백3으로 끊으면 흑▲ 두점이 잡힙니다.

　이러면 흑집이 파괴되며 나머지 흑도 위험한 모습이지요.

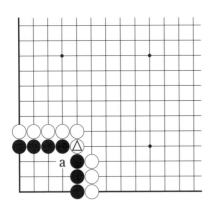

4도(흑집에 약점이 있다)

이 그림은 1도와 달리 흑집 외벽에 백△가 놓여 있습니다. 그러면 흑집에 약점이 생겨 완성된 집이 아닙니다. 흑은 a쪽 단점을 보강해야 집이 완성되겠지요.

　백이 a로 끊으면 어떤 결과가 일어나는지 생각해보세요.

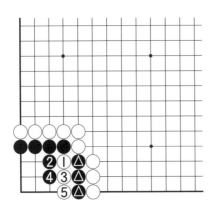

5도(오른쪽 벽이 잡힌다)

백1로 끊을 때 흑2, 4로 단수치면 백은 5까지 오른쪽 벽이었던 흑▲ 석점을 따냅니다.

　그런데다가 왼쪽 흑도 위험한 모습이지요.

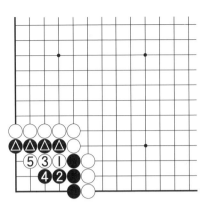

6도(위쪽 벽이 잡힌다)

백1 때 흑2, 4로 아래쪽에서 단수치면 이번에는 백이 5까지 위쪽 벽이었던 흑▲ 넉점을 잡을 수 있습니다. 이처럼 끊는 약점 하나만으로도 집이 와르르 무너질 수 있습니다.

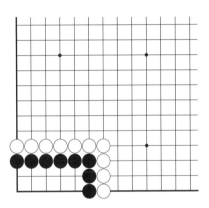

7도(10집 완성)

이 그림에서 귀의 흑은 완성된 집입니다. 흑은 아무런 약점이 없죠. 그리고 집을 계산하면 10집 (5×2)입니다.

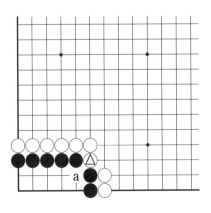

8도(약점이 생겼다)

흑집 외벽에 백△가 놓인다면 a에 약점이 생겨 흑은 완성된 집이 아닙니다.

흑이 이대로 방치하면 어떻게 될까요?

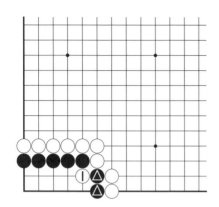

9도(흑집 파손)

백1로 끊으면 흑▲ 두점이 단수가 되어 잡힌 모습입니다. 이러면 흑집이 크게 파손되지요.

　당장 흑은 나머지를 살리기 위해 집수리를 해야 합니다.

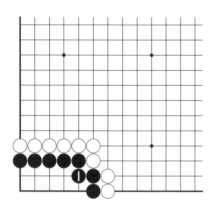

10도(9집 완성)

따라서 흑은 집이 파괴되기 전에 1로 약점을 이어서 지켜야 하겠지요. 그러면 9집이 완성됩니다.

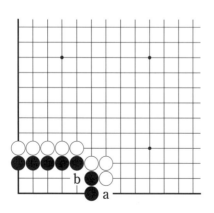

11도(당장 지키지 않아도 된다)

이 형태라면 a에 활로가 있어 당장 흑은 b로 지키지 않아도 됩니다. 미리 지키면 그만큼 효율이 떨어질 테니까요.

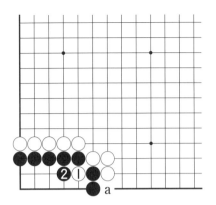

12도(백 한점이 잡힐 뿐)

만일 백1로 끊으면 흑2로 단수쳐서 백 한점을 잡으면 됩니다. a로 막혀있지 않아 가능한 일이죠.

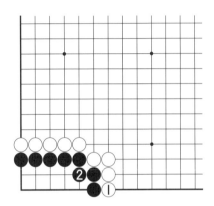

13도(막을 때 이어도 된다)

백1로 막을 때라야 흑2로 이어도 늦지 않습니다.

바둑은 효율 게임이기도 하므로 필요할 때 두는 것이 중요하지요. 이제 흑은 9집으로 완성되었습니다.

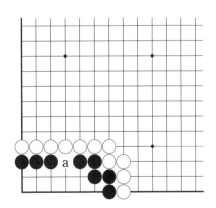

14도(완성된 집인가?)

이 그림에서는 흑집에 a의 약점이 있습니다.

이 상태에서도 흑은 완성된 집인지 생각해보세요.

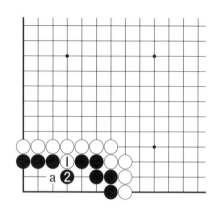

15도(10집 완성)

백1로 들어와도 흑2로 막을 수 있습니다. 다음 백은 a에 끊을 수 없습니다. 그러고 보니 이제 흑은 10집으로 완성되었습니다.

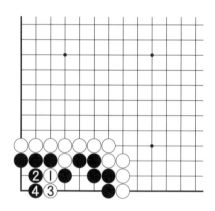

16도(백이 잡힐 뿐)

만일 백1로 끊으면 흑은 2, 4로 단수쳐서 백 두점을 잡을 수 있습니다.

따라서 흑은 14도 상태에서도 허술한 집이 아닙니다.

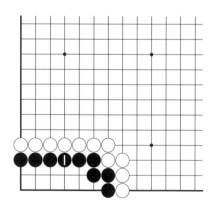

17도(11집 완성)

만일 흑한테 기회가 생기면 1로 이어서 벽을 메우면 됩니다. 그러면 11집의 완성된 집이 되지요.

다시 말해 흑1이 없어도 흑은 10집의 완성된 집이 보장됩니다.

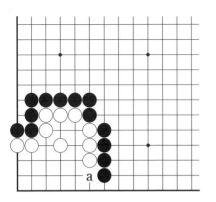

18도(부실한 집)

이 그림에서 백은 a에 약점이 있어 당장은 아주 부실한 집입니다. 이 백집을 완성시켜 보세요.

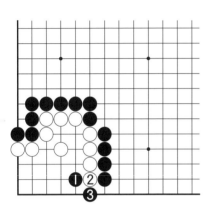

19도(백집 파손)

백이 이대로 방치하면 흑1로 한 칸 들어오는 수가 고약합니다.

　백2로 끊으려 해도 흑3이면 연결하는 모습입니다. 그러면 백집이 크게 파손되지요.

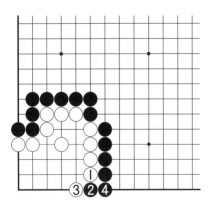

20도(마지막 관문)

따라서 백은 1로 일단 막아야 하겠지요.

　다음 흑2로 젖혀 들어오면 백3으로 단수칩니다. 흑4로 잇고 나서가 마지막 관문입니다.

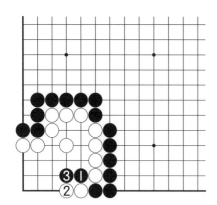

21도(백집 파손)

이대로 백이 방치하면 흑1로 끊으며 단수치는 수가 아픕니다.

백2로 나가봐야 흑3으로 계속 단수쳐서 살릴 수 없으니 백은 손해만 커질 뿐이죠. 그러면 역시 백집이 크게 파손됩니다.

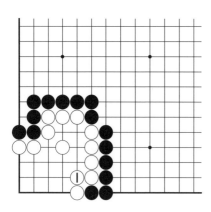

22도(17집 완성)

따라서 백은 1로 집안의 약점을 이어야 완전합니다.

이제 집을 꼼꼼히 세기만 하면 됩니다. 백은 17집으로 완성되었습니다.

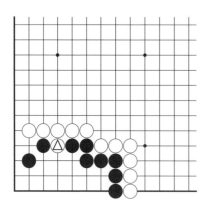

23도(외벽에 상대 돌이 들어올 경우)

이 그림은 흑집 외벽에 백△가 들어가 있습니다. 이 흑집을 완성시켜 보세요.

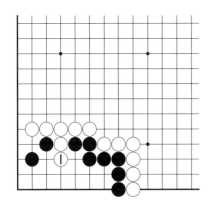

24도(흑집 관통)

이대로 흑이 방치하면 백은 1로 흑집을 관통합니다.

　　그러면 흑집은 모두 산산조각이 나겠지요.

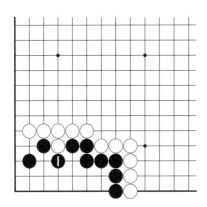

25도(일단 막으면 흑집 보장)

따라서 흑은 일단 1로 외벽의 틈새를 막아야 합니다.

　　이렇게 막고 나면 아직 미비한 곳이 있지만 흑은 완성된 집이 보장되지요.

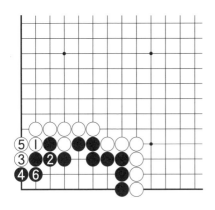

26도(13집 완성)

계속해서 백1로 단수치면 흑2로 잇고, 백3에 젖혀 들어오면 흑4로 단수친 후 6에 잇습니다. 그러면 모든 벽이 완결되었습니다.

　　이제 집을 꼼꼼히 세 봅시다. 흑은 13집으로 완성되었습니다.

테마❶   연결하는 수를 이음이라 한다. 이어진 돌은 힘이 아주 강하다. 특히 상대 돌을 관통하며 이어지면 힘이 더욱 붙는다. 대각 방향도 활로는 따로 분리되지만 이어진 모습이다.

중앙에 외롭게 존재하는 돌도 귀나 변과 손을 잡으면 강해진다. 변의 가장자리에서 넘으면서 연결하면 돌이 강해진다.

테마❷   연결통로를 차단하는 수를 끊음이라 한다. 상대의 돌을 끊으면 양쪽으로 분리되어 돌의 힘이 약해진다. 특히 이으면서 끊으면 가장 효과적이다. 끊어지면 다음 전투에서 힘을 발휘하기 어렵다.

서로 모양을 이으면서 강하게 정비하는 것이 바둑을 두는 요령이다. 중앙의 돌이 끊어지면 힘을 잃고 방황하는 처지에 놓인다.

보통 상대가 이어가는 곳이 끊음일 경우가 많다. 상대 돌을 끊으면 이득을 얻을 수 있는 기회가 많다.

테마❸   단점처럼 보이더라도 끊을 수 없는 곳이 있다. 호구는 호랑이의 입이라는 뜻인데 끊을 수 없는 곳이다. 만일 호구에 들어가면 빵따냄만 허용할 뿐이다. 가장자리에서도 넘는 모양일 때는 끊을 수 없다. 가장자리에서의 호구라 생각해도 좋다.

변의 3선에서는 상대가 끊어도 가장자리 방향으로 몰아가면 끊은 돌을 잡을 수 있다. 중앙은 공간이 넓어 끊은 돌이 쉽게 잡히지 않는다. 중앙에서는 서로 끊어 싸울 수 있다.

테마❹   붙여 연결하면 집이라는 면에서 가장 효율이 떨어진다. 싸움이 일어나는 경우라면 돌이 강해져야 하므로 붙여 연결하는 것이 좋다. 연결을 유지하면서 집을 만드는 데는 한칸과 날일자 모양이 효율적이다. 귀와 변에서 한칸과 날일자는 끊을 수 없는 모양이다.

싸움이 일어나는 경우에도 변에 진출할 때는 한칸과 날일자가 효율적이다. 그래야 막히지 않고 2선의 패망선을 기지 않는다. 한칸과 날일자는 주변 상황에 따라 선택해야 한다.

쌍립은 효율적인 연결에 유용하다. 쌍립할 곳에서 빈삼각이 되면 돌이 허약해진다. 쌍립으로 전체가 연결되면 효과가 극대화된다.

테마❺   집의 완성 단계에서는 둘러싼 외벽에 약점이 없어야 한다. 집의 외벽에 끊을 곳이 생기면 집이 크게 파손되기도 한다. 그런 곳은 이어서 확실히 지켜야 완성된 집이 생긴다.

당장 서두르지 않아도 될 곳을 미리 지키면 그만큼 효율이 떨어진다. 부실한 외벽은 확실히 막아야 집이 완성된다. 특히 변의 1선과 2선에서는 확실히 막고 이어야 집이 완성된다.

모양으로 이해하는 핵심 용어

① 이음: 흑1

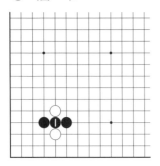

② 넘음(건넘): 흑1

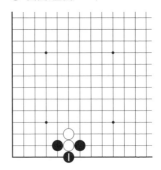

③ 끊음: 백1

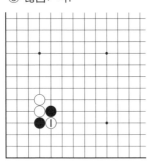

④ 막음: 백1

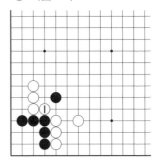

⑤ 관통: 흑1

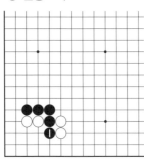

⑥ 호구: a의 곳

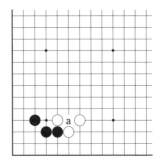

⑦ 연단수: 백1, 3

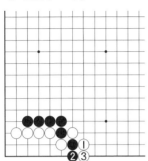

⑧ 붙임: 백1

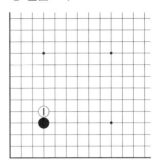

⑨ 한칸

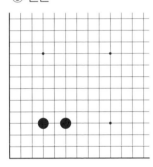

⑩ 날일자

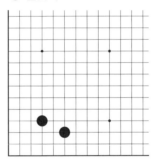

⑪ 쌍립

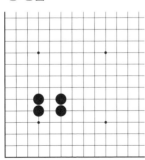

⑫ 쌍립 연결: 백1

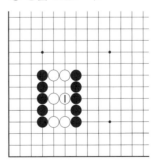

147

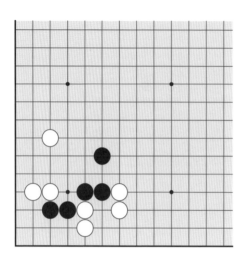

▦ 문제 1
이 그림은 흑이 어딘가 부실합니다. 흑 전체를 연결해 보세요.

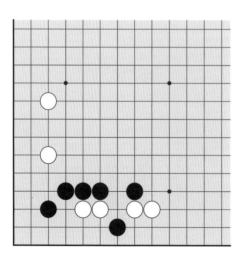

▦ 문제 2
끊어서 두 동강 나면 큰 이득을 얻을 수 있습니다.

이 그림에서 흑이 그런 곳을 찾아 끊어보세요.

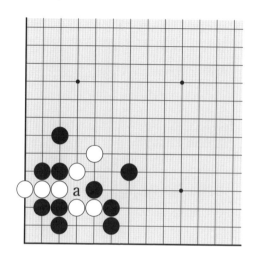

▦ 문제 3

끊을 수 없는 자리를 끊으면 오히려 손해를 입습니다.

이 그림에서 흑은 a의 곳을 끊을 수 있는지 생각해 보세요.

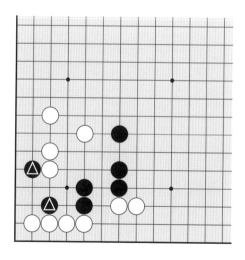

▦ 문제 4

이 그림에서 흑▲ 두점이 분리되어 위험합니다. 흑 전체를 확실히 연결해보세요.

쌍립 연결을 기억하기 바랍니다.

149

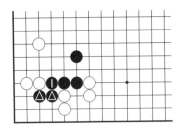

▦ 문제 1 (정답)

흑1로 이으면 흑 전체가 연결된 모습입니다. 만일 백이 1의 곳을 끊으면 흑⬣ 두점이 귀에 갇혀서 잡힙니다.

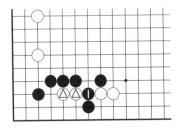

▦ 문제 2 (정답)

흑1로 두면 백을 양쪽으로 끊을 수 있습니다. 그러면 백△ 두점이 잡히며 오른쪽 백 두점도 약해집니다. 흑이 큰 이득을 얻었지요.

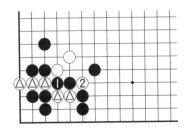

▦ 문제 3 (정답)

만일 흑1로 끊을 수만 있다면 백△들이 모두 잡혀 흑은 큰 성공을 거두겠지요. 그러나 흑1로 끊으면 백2로 단수쳐서 흑 두점이 잡힙니다. 결론은 흑이 끊을 수 없는 곳입니다.

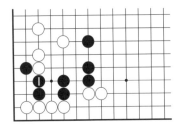

▦ 문제 4 (정답)

흑1로 두면 흑 전체를 연결할 수 있습니다. 바로 쌍립 연결에 해당합니다.

바둑 일류의 심오하고 창조적인 판세 읽기

진격의 중반전

352쪽 | 목진석 감수 · 이하림 편저

바둑의 드라마틱한 중반전에 프로 일류는 어떻게 판세를 읽어가는가? 프로 고수의 실전보에서 재료를 발췌해 중반의 긴 과정을 따라가면서, 형세판단을 곁들여 나타날 수 있는 다양한 장면들을 보여준다.

이기는 바둑 시리즈

01 기본정석으로 강자가 되어라

272쪽 | 목진석 감수 · 백재욱 지음

귀의 화점과 소목에서 기본적이고 중요한 변화를 익힌다면 정석을 거의 마스터했다고 봐도 좋다. 그러므로 바둑에 강해지려면 화점과 소목의 기본정석을 마스터하라!

02 기본포석으로 승자가 되어라

276쪽 | 목진석 감수 · 백재욱 지음

최근의 포석은 처음부터 공간 전체를 활용하는 발상이 트렌드다. 그 과정에서 치열한 전투가 일어나기도 한다. 그럴수록 기본에 바탕을 둔 포석 감각을 익혀라. 그것이 안전하게 이기는 길이다.

03 기본행마로 감각을 키워라

276쪽 | 목진석 감수 · 이하림 지음

바둑은 효율이다. 효율적인 바둑을 두려면 부분적인 모양에서의 행마의 길과 쓰임새, 전체적인 안목에서의 급소와 행마법을 익혀야 한다. 이런 행마의 감각을 키워 실전에서 적절히 구사해보자.

04 기본전략으로 판을 지배하라

268쪽 | 목진석 감수 · 이하림 지음

정석은 주로 귀의 변화, 포석은 귀를 토대로 한 변의 변화가 핵심이라면, 전략은 중앙까지 염두에 둔 입체적 실전적 개념이다. 그야말로 야전(野戰)이다. 이제 야전의 세계로 들어가 보자.

05 기본사활로 수읽기에 강해져라

272쪽 | 목진석 감수 · 이하림 지음

전체 판을 주도하려면 부분전투에 능해야 하고 그런 능력을 키우려면 수읽기에 강해져야 한다. 사활은 그 첩경이다.

06 기본맥점으로 수보기에 강해져라

272쪽 | 목진석 감수 · 이하림 지음

바둑 한 판의 과정에는 다양한 맥이 숨어있다. 이런 맥을 찾는 학습으로 수를 빨리 보는 힘을 기르면 판의 급소를 읽으며 각종 전투에서 승리할 수 있다.

07 기본변칙수로 위기를 돌파하라

272쪽 | 목진석 감수 · 이하림 지음

바둑은 정석대로만 두어서는 이길 수 없다. 그 과정에는 온갖 변칙적인 수법이 도사리고 있다. 이런 위기를 극복하고 살아남으려면 불의의 변칙수를 응징하고 때로는 상황에 맞는 정의의 변칙수를 구사해 어려운 판세를 돌파해야 한다.

08 기본끝내기로 판을 뒤집어라

272쪽 | 목진석 감수 · 이하림 지음

바둑은 마라톤과 같아서 단번에 승부가 나지 않는다. 종반 역전의 짜릿함을 맛보려면 불리한 국면이라도 무모한 행동을 삼가며 때를 기다리는 인내심이 필요하다. 그런 절대 기회가 생겼을 때 끝내기의 묘미로 판을 뒤집어보자.

왕초보 바둑 배우기 시리즈

왕초보 바둑 배우기 1. 입문하기
238쪽 | 조창삼 지음
바둑을 처음 접하는 분들이 배워야 할 규칙과 기본 기술을 이해하기 편한 대화 형식으로 거침없이 풀었다.
1권을 마치면 누구랑 두어도 당당할 것이다

왕초보 바둑 배우기 2. 완성하기
236쪽 | 조창삼 지음
'입문하기 편'을 마친 분들이 배워야 할 부분 기술과 행마를 이해하기 편한 대화 형식으로 거침없이 풀었다. 2
권을 마치면 부분 전투에 자신이 붙어 바둑의 묘미를 느낄 것이다.

왕초보 바둑 배우기 3. 대국하기
240쪽 | 조창삼 지음
'완성하기 편'을 마친 분들이 배워야 할 초반의 포석, 중반의 전투, 종반의 끝내기 등 바둑의 한 판 과정에
서 필요한 핵심 기술을 초심자의 눈높이에서 보여준다.

| AI 최강 바둑 시리즈 |

최강 입문

인공지능 바둑시대 원리를 알고 파헤쳐 단숨에 바둑 두기! 초급자도 생각의 틀을 잡는 필독 입문서!

01 규칙편 264쪽 | 이하림 지음 · 진동규 감수

02 기술편 264쪽 | 이하림 지음 · 진동규 감수

최강 정석

인공지능 바둑시대 정석에서 진화된 수법 총정리! 혁신적인 AI의 안목으로 고정관념을 깨라!

01 화점 기본편 320쪽 | 이하림 지음 · 김일환 감수

02 화점 협공편 276쪽 | 이하림 지음 · 김일환 감수

03 소목 정석편 304쪽 | 이하림 지음 · 김일환 감수

최강 포석

인공지능 바둑시대 포석에서 진화된 수법 총정리! 혁신적인 AI의 안목으로 고정관념을 깨라!

01 화점 포석편 320쪽 | 이하림 지음 · 김일환 감수

02 소목 포석편 320쪽 | 이하림 지음 · 김일환 감수

최강 전투

인공지능 바둑시대 국면을 주도하는 능률적 전투 요령! 혁신적인 AI의 안목으로 고정관념을 깨라!

280쪽 | 이하림 지음 · 김일환 감수